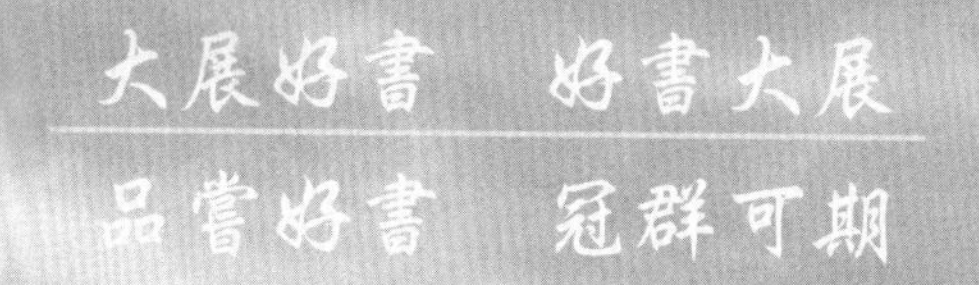
大展好書　好書大展
品嘗好書　冠群可期

鑑往知來 8

『老子』給現代人的啟示

陳羲 主編

大展出版社有限公司

前　言

▲留下五千言學說，而後道德消失的哲人——老子

《老子》一書歷史極為悠久，由於內容深奧難解，所以，歷年來研究此書的學者，所提出的存疑點甚多。

此書自戰國時代以至漢初（西元前四～三世紀），廣泛受到學者的接受和重視，被視為珍貴叢書之一。然而，多年來對於《老子》一書中的若干謎團，諸如：此書基於何種構想而寫成？老子和莊子二人如何前後貫連，形成「老莊哲學」等，學者一直深受困擾，未能找出一個圓滿的答案。可以說，老子本人及其周遭的事物，至今仍是學者極力探尋的目標。

歷來學者多肯定世上確有老子其人，而《老子》一書，無庸置疑的，自然

是老子所著作。然而時代變遷，經過清代考證之學的盛行之風後，不少學者對《老子》一書的作者提出疑問。

根據考證，似乎只能確定《老子》一書的完成時代，確為戰國時代初期到中期之間（約西元前四世紀左右）的學者所作，至於作者的真實姓名，則茫無頭緒。

有關「孔、老會面」的傳說，本書第二章「良賈深藏若虛」一節中，曾作探討。如果假定老子確是戰國時代的人，則比孔子約晚了一百多年，試想，兩個遙隔一百多年的人，怎麼可能會面談話？所以這則「孔、老會面」的傳說，極可能是後人揑造，訛傳至今的。

令人不解的是，「孔、老會面」之說，在《史記》中確實明白記載著，而關於老子的事蹟，除了《史記》一書外，再無其他史料可供參考。這點不能不令學者感到困惑、棘手。

根據《史記》的說法，老子眼見人心日益式微，於是決定遁隱，當他西向欲出關之時，守關者懇切請求他留下一些學說，老子不忍拂逆守關者的懇求，便寫下《老子》一書，也就是我們今天所見到的五千字道德經。

《老子》一書完成後，老子便飄然出關，從此行蹤杳然。

司馬遷在《史記》中，又同時記載了幾個近似老子的人，可以說《史記》中並沒有特別塑造出老子的形象，司馬遷這種忠於歷史的史家筆法，確實令人欽佩。

司馬遷生於漢代，距離《老子》一書的完成時代已有兩百年之久。在漢代找不到任何關於老子其人史事記載的史料，無怪乎司馬遷沒有明白描繪出老子的形象了。司馬遷將老子列為隱士一派的出世主義者，也是十分妥切的。

留下五千言學說，而後遁隱消失，這正是對老子其人所作的最適切描述。

▲帶給人們諸多迷惑的《老子》一書

《老子》一書究竟係一人獨自著作？或和論語一樣，係由多人完成？這是學者在研究《老子》一書時，爭議最多的疑點。

就形態和內容上看，《老子》一書確實是具有獨創性的古典書籍，可證明著書者的同一個性，但是，考證書中情節，又有多處的論旨未能連貫，顯見並非出自一人之手。

究竟此書在寫成之時，即已是今日所見的面貌，或在傳承途中，經過後人潤飾修改而成？雖經多方考證，學者仍然不敢遽下論定。大多數研究老學學者一致認定，《老子》一書艱深古奧，很難定下絕對正確的註解。

《老子》一書，就在這多樣的謎霧中，愈發引起學者的興趣和好奇，不惜耗費心血與時間，畢生鑽研老學。

老子生於紛亂擾攘的戰國亂世，有感人心的詭異難測，於是極欲尋出一條反璞歸真，崇尚自然的立身之道，以期人人回復樸質本性。基於此，老子不得不運用他的獨特語言，以極為平常，卻往往易為人們忽視的事物，引領人們尋求生命的本源，並對人生重作一番評估。

我們在研究《老子》，以及其他任何一本古典書籍時，都必須抱持一種態度，就是一方面沿襲過去的學者研究範疇，繼續深入研究。另一方面則要重視地下資料的挖掘，將已有的研究結果配合新出土的資料，這才是最正確的研究方法。

《老子》一書共有八十一章，學者多將此書分章逐句地加以解說、探討，從而捕捉老子學說的真義所在。

本書則改變研究方法，盡量避免分章逐句地予以解說，而是將所有足以成為老子中心思想的章句逐一挑出，作一番歸納性的整理，並深入探討。當然，讀者在閱讀此書時，最好能同時準備幾本參考書籍，以利於一併參酌。

歷來研究《老子》的學者們，泰半主張《老子》書中有若干問題是根本無法加以解說的，研究老學的人，往往窮竭畢生精力之後，仍不能確切地抓住老學真義所在。

只能說，學者在幾經努力探討之後，所作出的註解，仍然相當有彈性，足以供讀者於研究之餘，發揮新理念。期望讀者能就世上現有的老學資料，再一本多疑、求證的態度，深入探討老學。

▲馬王堆出土的兩種《老子》

《老子》一書的研究，因為馬王堆資料的出土，而有了嶄新的風貌出現。西元一九七二年～一九七四年間，考古學家在湖南省長沙市東約八公里處，一座名叫馬王堆的小丘陵上，發掘出極富價值的漢代墳墓。

根據考證，這個出土的漢代墳墓，是漢朝初期長沙王國的丞相——軑侯一家人的墳墓。漢初大肆分封子弟為王，享有領土封地，又於各王的封地，設置國丞相，以就近監視。換言之，國丞相即是地方上的最高行政首長。

馬王堆出土的漢墓分為一號、二號、三號三種。二號墓是軑侯的墳墓，一號墓是軑侯夫人的墳墓，三號墓則是軑侯子嗣的墳墓。當一號墓出土時，由於軑侯夫人屍身保存良好，曾經轟動了整個學術界。

馬王堆出土的古物中，最令學術界震撼的，當推三號墓中的帛書《老子》——由於當時造紙術尚未發明，所以著書立說者多以竹簡、木簡或布帛寫定—

甲本、乙本二種。這兩種帛書《老子》和世上現存的《老子》大為迴異，不但體裁不同，就連內容註釋也大相逕庭。

對於長久以來束縛於既定囿限中，無法突破的老學研究者而言，帛書《老子》的出現，不啻是一線生機。

從此可以更進一步探索老學的蘊涵真義。當然，以歷來傳承的《老子》文獻，配合新出土的兩種帛書《老子》，能使我們對《老子》一書有新的認識和詮釋，這確是大快人心的事。

▲刻意著書的道家開山祖——老子

《老子》一書和同一時期的其他著作，在體裁上有極大的分野。最明顯的相異點之一，在於《老子》書中沒有固有名詞。當時人們著書立說，大多採取子曰、孟子曰等特定形式，只有《老子》一書例外。

另外，《老子》書中所提到的地點和對象，也泰半是假託捏造，這點和《

莊子》一書倒是十分近似。這種基於特定條件而寫成的書，在當時確是別出一格。

《老子》書中沒有第一人稱和第二人稱的名詞出現，偶爾出現的幾個「我」字，也非指老子本身，而是一種抽象的「我」。可以說，「我」字具有抽象的代名詞作用，這在當時是十分奇特的寫作形式。也許，這正是老子刻意要表現的一種方式。

目錄

第二章 愚笨和柔弱之德——自然的生涯

目錄

第三章 無為的自然之道——政治、戰爭

第四章——永遠生存下去的智慧——道的思想

序章

從「史記」中看老子其人其事

我們如果僅僅根據前言中所作的粗略描述，很難確定老子存在的真實性。而在史料中，也只有《史記》的「老莊申韓列傳」一文中，可讓讀者稍稍揣摩出老子的形象。在此篇中，我們將「老莊申韓列傳」的內容以現代化的口語譯出，以便讀者參考。

「老莊申韓列傳」顧名思義，並非專論老子其人其事的傳記，而是將屬於道家一派的幾位重要人物，統籌論述，並從中標明道家的理論宗旨。

《史記》中所載的老子傳記，可說是最能證明老子是否真有其人的有力資料。司馬遷撰述《史記》時，找不到任何可資證明老子確實存在的參考史料，只能憑藉傳說，再多方搜羅、考證，然後將所聞所見，據實條錄下來，不加絲毫個人的私見，更不任意作刪改，這正是忠於史事的史家筆法。

孔子和老子的會語談話

「老莊申韓列傳」中，關於老子傳記最重要的部分，自然是老子和孔子會面的那段記載，也就是「良賈深藏若虛」一文中的記載。

「老子是楚國苦縣人（今河南省中央地帶，當時是楚國作為據點，傾全力向中原進軍的長江流域），姓李名耳，字伯陽，死後諡名為聃。」

老子的傳記中，開頭便以這麼一段簡短的說明，根本沒有作明確且有系統的家世介紹，讀者看完這段文字後，對老子的生平不能不心生懷疑。

春秋、戰國時代，一些思想界頗為知名的人物，如孔丘、孟軻、莊周等人，人們每在提及他們時，都是在姓氏之後，再冠上一個代表尊敬意味的「子」。然而「老」並非姓氏，人們慣稱的老子，是否可解為「老先生」之意，或者，老子稱呼的背面，隱約意味著：「有個人被稱為老子，他是……」不管如何，《史記》中對於老子所作的起頭描述，確實是突兀了點。

「老子在周朝任守藏室之職，負責掌管全國書籍。孔子想向老子請教禮事，於是前往周室拜會老子。老子對孔子說：

『你所說的話，全是古人說過的話。現在說這些話的古人，早已屍骨腐朽，徒然留下這些言論來困擾後人罷了。有才德的君子，一旦獲得機會，就能著名於世，可是如果終生得不到機會，就只有淪落流浪了。

聰明的商人，總是隱藏自己的財富，使別人誤以為自己很窮困（良賈深藏若虛）。有才德的君子，也會盡量隱斂自己的才德，使別人誤以為自己十分愚蠢。奉勸你最好盡快拋棄你驕傲的心志和放恣的態度，因為這些對你沒有絲毫益處。我要告訴你的，也只有這些話了。』

孔子回到魯國以後，對弟子說：

「『鳥能在天上飛，魚能在水中浮游，野獸能在地上奔跑。然而，奔跑的野獸會被獵人網捕，浮游的魚會被漁人釣起，飛翔的鳥會被弓箭射下。只有龍，乘著風雲直升入天上，我們根本無法看見，所以，也無從傷害牠。今天我拜會過老子以後，覺得他正是一條飛龍啊。』」

被稱為隱君子的老子，究竟是誰？

老子畢生潛心學問，以遁隱不留名聲為志。他曾在周（今洛陽）住過一段時日，因為眼見周室日益衰危，於是決心離去。當他來到函谷關時，守關的尹喜對他說：

「你是否從此遁隱不再出世？我想冒昧請求你一件事，請將畢生鑽研的學問，著書留下好嗎？」

老子答應尹喜的請託，著述上、下兩篇，旨在說明道德之用，約有五千餘言。書成之後，老子即飄然而去，從此再沒有人知道他的行蹤。

有人認為：

「楚國一位名叫老萊子的人，曾著書十五篇，敘述道家的濟世功用。老萊子和孔子是同一時代的人，也許，他正是人們所說的老子。」

關於老萊子的資料，僅能根據《高士傳》得知。

《高士傳》上記載著，老萊子為避亂世，率妻子隱於深山，住在草舍中，過著窮苦艱困的生活。楚王聽說老萊子很有才德，便親自到深山中拜訪老萊子，想聘任老萊子為楚國的宰相。楚王到達時，老萊子的妻子正巧出去砍柴，當老萊子聽完楚王的來意後，立刻一口回絕。然而楚王並不因此氣餒，仍然一再遊說，老萊子終於被楚王說動，答應出世任官。

老萊子的妻子砍柴回來，聽了老萊子的決定，便對他說：

「獲得美味酒食的人，會時時提心吊膽，唯恐遭到鞭子抽打。獲得高官厚祿的人，也要擔心隨時會被砍腦袋。我不願意受到世俗禮法的束縛，使自己因而失去自由，從今以後，你我夫妻便分手了吧。」

老萊子知道自己錯了，立刻向妻子道歉，夫妻兩人攜手到江南去，從此不問世事。

《史記》還記載著：

「據傳聞，老子活到一百六十多歲，甚至有人說老子活到兩百多歲。這不得不歸功於老子的畢生修德善壽。

根據史料記載，在孔子死後一百二十九年時，周王的史官儋去見秦獻公，並預作占卜，說：

『起初秦會和周合併，然後分裂，分裂之後又再度合併，七十年後，將會有霸主出現。』

有人認為，這位周王室史官儋，就是傳說中的老子。也有人全力駁斥這種猜測。究竟孰是孰非，實在無從得知。總而言之，老子是位隱君子，當不會錯的。

老子的兒子名叫宗。宗在魏國當過將軍，封於段干。宗之子注，注之子官，官的玄孫（曾孫之子）假，曾在漢孝文帝時（西元前一八〇年～八七年）為官。假之子解，曾任膠西王太傅之職，舉家居於齊。

歷來宗述老學的人，往往排斥儒學，而宗述儒學的人，對老學也極為貶斥。所謂『道不同，不相為謀』，就是老學和儒學二者間的最佳寫照。要言之，李耳（老子），可說是一位『無為而自化，清靜而自正』的人物。」

以上就是老子傳記的全文，讀者在看過全文之後，對於老子其人的形象，想必仍是一團模糊吧？《史記》作者和漢孝文帝所處的時代相去不遠，也許當時在各地確有自稱老子子孫的人。總之，我們要想從這篇傳記中，掌握住老子的真實面貌，那真是難如登天。

一貫發揮強烈個性的老子

在先秦各類古籍中，皆分別出現過老子的名字，這是件不容忽視的事實。基於此，我們對於「老子其人並不存在」的論點實無法苟同。我們只能說在春秋、戰國時代，確實有個對現實亂世感到失望，而默然退隱一角，冷靜洞察時世的人。他積極主張無為自然的可貴，因此，為世人所景仰，這人極可能就是老子。

這位隱君子在年老之時，路過函谷關，飄然西行，從此不再出現。也許，在遁隱消失之前，他把自己的理想論旨著述成書，也許，他並沒有自己動手寫書，而是那些敬仰他的人，依照記憶所及，將他平常所說的話記錄成書。

這位隱君子所處的時代，很可能是春秋末期至戰國後期。

《老子》一書，確實是一個人的思想所構成。然而去考證老子的原來形態，不難發現，書中似乎摻雜有其他的思想。令人感到不可思議的是，全書通篇以一個主要支柱為核心，前後貫穿了強烈的個性。因此，我們可以肯定，老子其人確有其存在的可能性。

由馬王堆漢墓古物的出土，使我們知道，早在秦漢時代，即已有《老子》一書的存在。毫無疑問的，這應該是最古的一部《老子》了。

馬王堆所出土的兩種《老子》，受到學術界的重視，成為用來校訂現存《老子》的重要文獻。

如今，一些自魏以後所傳下來的《老子》上、下篇八十一章，正展開重新的校訂工作，相信不久的將來，《老子》一書會完整地呈現在讀者眼前。現在我們所見到的《老子道德經》書名是自魏以後才有的。

第一章

不易的願望——無、創造、反璞歸真

1 超越常識，朝向永恆邁進

道可道，非常道（第一章）

「道可道，非常道。」這是《老子》書中首章的第一句，聽來十分順耳，如果反覆朗誦幾遍，可令人感到渾身上下有說不出的輕鬆舒暢。

《老子》一書，和一般散文性書籍不同，通篇以韻文組合，好像簡短的詩句集錄成書一般。這種具有詩韻的文句，以及辭句中所蘊含的雋永趣味，正是《老子》一書迷人的魅力之處，不知吸引了多少學者投身其間從事研究。

《老子》一書中的各個單獨語句，含義不難理解，然而一旦組成章句，其義立刻變得艱深古奧，難以析解。

就以第一章的內容為例，起首兩句逐一解釋似乎很容易懂，但是，串連起來一併解釋，便又令人有茫無頭緒之感。現在我們將首章前半段辭句條錄如下：

「道可道，非常道；名可名，非常名。無名天地之始，有名萬物之母。」

「道可道」指的究竟是什麼?以淺顯易懂的話來解釋，就是「我們平常所認為的道路之道」。

「可道」很容易被誤以為是「可以當作道路」，其實這是不正確的。這句話的正確解釋應是「這就是道路」才對。

「常道」意味著永遠不變之道，一如真理具有永恆的價值一般。有些學者以為，「常道」應解釋為「人永遠該走的道路」。也無不可。

▲超越物心得到不易之道

所謂「常道」，有兩個意義。

一是「在天地或人類間永恆不變的真理」，也就是「自然的理法」。

另一則是「人類所應遵守的不易道德」，也就是所謂的「人間之道」。

現代人受到近世歐美科學性合理主義的洗禮，將「自然的理法」和「人間之道」，看成是個別的領域存在，而不認為此二者有直接關係。這無異是將太陽系的運轉和四季的循環，以及一切無目的的自然法則，和人世間的信、愛、正義等，視為不同體系的存在。換句話說，就是認定物的世界和心的世界，各自有其不同的秩序。

老子認為，人類要想在自然中生存，在自然的理法中衍生不息，就絕不能違背自然的真理，而必須聽任自然，順從自然而生存。相反的，違反大自然理法的人，必定會招致滅亡危運。

這是老子對自然理法和人世間一切關係所作的詮釋。簡言之，老子想超越物心的對立，在物心已渾然融為一體的交界處，探究人世間真實的道。

▲反覆地向無限和自我挑戰

老子認為，世俗所認定的社會性、道義性理念，全是人類自己定出來的，可說是人為的。換句話說，它們只是不自然的「偽膺」、「虛假」罷了。這種自己定下是非善惡的標準，並立下各種道義基準，從而指控某些人違反道義法則，實是人類一種極任性的行為。

老子認為，真正的道，是超越人世間人為的道義基準和是非善惡，而存在於絕對的自然中。換句話，真正的道就是自然。

當老子在討論自然時，口中所稱頌的自然，絕不是以數量分析為主的科學對象中的自然。老子所說的自然，無非在表示「自然而成的」或「自然所形成的作用」。

這和物理性的自然大相迴異，而是要在人類的歷史、宇宙的歷史，以及我們所存在的生活中，不斷產生作用。同時，這是不能以人世間的言語來形容，更不能以數量的對象來描繪。

「道可道，非常道。」這正是老子思想的根本所在。由此句話的列於篇章之首，可以看出老子對它的重視程度。也許，老子想藉著這句哲理，引領一心想參悟真理的人，走向自然理法中吧！

——有時應該將人世間所製造出來的文明文化，以及價值判斷悉數拋棄，思考無限的宇宙，無限的歷史，在這不斷反覆的思索中，必能恍然悟解，自己和所有人一樣，都是愚不可及的——

補充說明：不但老子的思想如此，在我國古代的思想中，大多有不承認自然和心、神和物等對立的傾向，自然的真理和人世間心的真理相同。而至誠通天的倫理觀在我國古代思想史中曾屢屢出現。孟子主張人性本善，以為不斷培養天性才是人類應行之道，並排除天和人世間的對立說。這點，孟子和老子倒是看法一致，然而在對天的內容、作用所作的詮釋，卻是大相逕庭。

2 語言不能表達真實

名可名，非常名。（第一章）

「常道」和「自然」都是超越語言的。老子藉著「名可名，非常名」來表現他的哲理觀念。

「名」就是名稱的意思。我們在日常生活中，要稱呼各種物體時，除了呼叫物的名稱以外，再沒有其他的方法了。同時，給予事物一個名稱，可說是要藉語言或定義，來說明事物的意義。

用定義來說明某一事物，必須藉助於語言。而以定義說明事物，無異將此一事物予以規定或限定了。例如，我們說「人是萬物之靈」時，除了在給「靈」一個名稱，同時無限定了人「是什麼」。

所謂限定，也就是設法侷限於一個範圍，使人易於明白。同時，也表示將人們原本無法明瞭的一面，以明瞭化的語言托出。然而就因為把人類視為靈長，從而也囿限了範圍，於是人類其他的特點便被捨棄，使人類陷入不明瞭，不自然的狀態中。所以說，語言實在不能捕捉住真實。用語言表示事物的結果，只有限定了事物而已。

▲對真實的熱情和願望

老子在首章中將「名」和「道」並列，完全是由於方便解說「道」，而提出「名」的問題。所以，老子在「道可道，非常道。」之後，緊接著明白告訴我們：「名可名，非常名。」

所有關於「道」所作的名稱，說明以及定義，都不足以闡明「道」的真實性。而「名」不過是人為的「虛偽」罷了。我們自生下來，即在一些表明「道」的虛構語言中生存，可說一直未能捕捉到「道」的真正涵意。所以老子認為，人類是生存在虛偽的語言中。

說到「人類是在虛偽中生存」，也許有人會認為這個論調未免過於偏激，然而就老子所處的戰國之世來看，確實是一片虛偽，人們往往拚命作自我肯定的工作，忽略了自然真理的存在。

所以，老子積極地向世人呼籲，要世人心中虛無，退一步平心靜氣觀看世俗所定的是非善惡標準，同時進一步探討人的生存真義，瞭解人的根本存在是什麼。

▲道是拒絕論理的

在第三十二章中，老子又提出：「道常無名。」由於道是超越語言的，當然會拒絕被任何語言侷限，也正因為這個緣故，老子才不去分析「道」，更不用論理性的說明來剖析「道」是什麼。

但是，老子期望眾人能瞭解道的存在，在不能說明「道」的情況下，只好詳細敘論「道」的周邊事物，藉此暗示中心的「道」究屬何物。可以說，老子是用象徵的手法，來提示道的形態，使人能幡然領悟。

象徵性的手法有時很難令人理解，正因為如此，所以，《老子》一書才更具備了詩情畫意的美感。而讓人明白象徵性的美之後，從而逼近「道」的本體，進一步瞭解道，正是象徵手法的高明所在。

老子的第一章利用「玄之又玄，眾妙之內」作結，可說是象徵性手法的典型表現。

3 深奧難解的道

玄之又玄，眾妙之門。（第一章）

在「道可道，非常道；名可名，非常名。」之後，老子又緊接著提出：「無名天地之始，有名萬物之母。」這段深奧難懂的哲理，歷來學者所作的闡釋也多不相同。如果想深入探索真義，只有更陷於紛亂自擾而已。所以，此處我們只擷取一般性易解的來詮釋，方便探討老學的精義所在。

——故常無，欲以觀其妙，故常有，欲以觀其微。——

由於這十六個字的出現過於突兀，在連接上下文的關節上，晦澀難懂，因此不少學者認定，這十六個字應是書寫錯誤。我們暫且將這十六個略過不談，先看看緊接在這段文字後面的句子：

「此兩者同出而異名，同謂之玄，玄之又玄，眾妙之門。」

▲天地萬物的玄妙始源

「此兩者同出而異名。」所謂兩者，指的是什麼？歷來眾說紛紜。筆者以為，「兩者」應該指的是有名和無名，也可以說，指的是道和天地萬物。換句話說，道或無和天地萬物，被視為不同的存在，是有和無的表裡兩面。「無」因為有天地萬物才能存在，而天地萬物又由於「無」才能產生。由於這個自然的玄理實在令人難以思議，所以，老子稱它是「玄之又玄」，是產生無限玄妙萬物之門。

「玄之又玄，眾妙之門。」是十分美妙的象徵手法。所謂「玄」，指的是「幽玄」、「玄妙」之意，而老子「玄之又玄」中的玄，正具有幽玄、玄妙之意。現代我們根據《大辭典》中的解釋，來看看玄的意義。

(1)黑中帶赤的色彩。見〈說文〉。

(2)天色。泛指黑色。〈易‧坤‧文言〉「天玄而地黃」。

(3)幽遠，奧妙。見〈說文〉。

(4)指天。〈楚辭・宋玉・招魂〉「懸火延起兮，玄顏烝。」
(5)指道。即宇宙本體。參見玄經條。
(6)指道家或佛家。參見玄壇、玄籍條。
(7)深藏，靜默。參見玄德條[1]、玄默條。
(8)北方。參見玄天條[1]。
(9)農曆九月的別稱。〈爾雅・釋天〉「九月為玄」。
(10)迷惑。通眩。〈荀子・正論〉「上周密，則下疑玄矣。」
(11)光耀。通炫。〈漢書・司馬相如傳下〉「采色玄耀」。
(12)通懸。參見玄圃條。
(13)姓。「黃帝」有臣「玄壽」。見「世本」。

「玄之又玄」，指的並非玄中之玄的意思，不過是強調「玄」的意義而已。由大辭典中對玄所作的詮釋可知，玄是幽遠深暗的，一如深淵一般的顏色。同時，玄又是水墨畫中的黑色一般，令人感到遠近分明。

支持我們存在的「道」，正和「玄」一樣，是幽遠深奧的，使我們無法確切掌握住它的存在。這也就是何以「道」無法用語言來說明的原因。如果勉強用語言來描繪道，恐怕除了「玄」以外，再找不到其他更好的字眼了。

▲產生無限的可能性，並包容無限

「玄」是幽遠深奧、無法捕捉，是無所限定的，同時又包藏了無限的可能性。當我們面對一幅水墨畫時，由山水景物間的濃淡色澤，當可感到其間的無限。可以說，一切的微妙色調，均是自無限的自然中湧現出來，而物的形態便隱約存於其中。

要注意的是，「黑」絕不是冷色，而是種能給人親切溫暖的色調。「道」也正是如此，在無限的無中，包容了人類的活動，令我們有如置身溫馨親切的領域中。

所謂「眾妙之門」，是一種非常優美的表現，意味著一切的物均由此衍生，是靈妙不可思議之門。宇宙間的一切，都在此內中生出，所生出的又是妙的存在，而生出的功能也是妙。同時，「眾妙之門」還意味著，不管產生出多少物，其功能永不停息。

總之，「玄之又玄，眾妙之門」是象徵著道的無限定，以及天地萬物的無限創造情況。只有睿智老子者，才能以這種美好又適切的語句表現出來。

4 無盡的創造根源

淵兮似萬物之宗。（第四章）

老子曾試著用各種不同的語言，來說明「道」的形態。在第四章中，老子曾說：

「道沖，而用之或不盈，淵兮似萬物之宗。」

所謂「沖」，就是虛的意思。現在，我們將這段話譯成白語文。

「道是至高至聖、全德全能，若把它沖散開來，變成太和之氣（生出功用），用於宇宙間，便能無微不入，無所不至。雖然如此，但它在宇宙之內，或許還有不盈滿之處吧？」

這段話，無異是以象徵性的敘述，來描繪道的形態。也可以說，這是異於「眾妙之門」的另一種說明。

道和器無限定的生出萬物，但是，器的本身卻不能因物而滿，而會永遠呈現空虛的狀態。一旦器被填滿，它的用途便告終結，像這種用途會有終結之時的道，就不是真正的道了。

為了能永遠創生萬物，能永遠具有作用，所以，道必須是空虛的。

「似若存」（好像有個存在之處似的）之語句，在《老子》一書中經常可見。因為道是無法以語言來限定的，所以老子主張，別太清楚地斷定道的存在，才能更深入探討道的精義。

各位可能想像出，當人們生活在不受道德、體制、習慣、權力、權威等任何外在的教條束縛時，會是怎麼樣一個情景？事實上，生活在戰國亂世的人民，恐怕想不到，也不可能擺脫這種外在束縛。

▲「道」究竟在什麼地方？

歷史的事實告訴我們，每當人類面臨僵局或極限時，總有辦法打破閉塞的狀態，另創新局面。這意味著真正的道，永恆的道，是隱於世間各個角落，我們經常可見。

換句話說，一旦某些存在限定了人類的社會環境時，人類自會設法突破僵局，以求在限定中生存下去。

這和器一經填滿便無法活動的道理是一樣的。而我們在打破僵局，超越限定束縛的剎那間，必定會發現「道」的存在。

姑且不提歷史、社會等和我們本身距離較遠的存在，即以我們每個人的生活來說，如果一味認為存在的空間，將自我侷限在小小的領域中，勢必縮短生命之旅。必須竭力抗拒、否定限定我們存在的事實，並在不斷的活動中，打破界限，這才是真正富有創意的人生。

換句話說，我們是生活在一遇僵局、極限，便極力尋求突破的狀態中，否則生命何能持續下去?所以儘管我們經常意識「道」的存在，但我們都無法發現，並捕捉「道」的形態。

想要瞭解老子所說的「道」，關鍵即在於是否意識到道的存在。其實，這並不是難事，只要努力地否定界限，追求真實不虛假的生活，自然能達成。

而且，在我們每個人的內心深處，確實都有創造性活動的根源、空虛不盈的「眾妙之門」。

5 老子的大敵——儒家思想

大道廢，有仁義。（第十八章）

任何一種思想，都有它產生的時代背景，並在它所處的時代中茁長。在前言，我們已經提到，老子所處的時代正是春秋、戰國之世，在那種動盪不安，戰亂連連無時盡的環境裏，人們可說是在痛苦裏探索生存的價值和意義。

無論是政治方式、社會制度、經濟問題以及思想問題等，都面臨古老制度崩潰，新規矩漸次創出的過渡時期，一切事物都呈現出矛盾的狀態。為求打破這種矛盾，於是思想界掀起軒然大波，百家爭鳴的盛況於焉展開。而老子，正是於此時崛起的百家之一。

▲百家爭鳴的空前盛況

齊威王、宣王之際（西元前三五七年～三〇〇年），由於喜好學術，所以特地招聘各地的學者和遊說之士，群聚於齊國都城臨淄（今山東省濟南市東約一百二十公里），又在城內的稷門附近，為學者們安置住家，使學者能安心地在講堂中自由討論學說，齊王也經常參與盛會，一時之間，齊國的文化學說大學昌隆。

這些群眾講學的學者，被譽為稷下之學。而孟子也是在此一時期造訪宣王，申論自己匡時濟世的主張。除了儒學以外，還有舌辯之士、老莊之學，陰陽五行之說，以及其他各種學派也繼之興起。

不僅齊國的學術蔚為風氣，其他各國也紛紛提倡學術文化。在稷下學者中，雖然找不到老子的名字，但可以確定的是，當時確有傾向老子學說的學派存在，而老子之哲理思想，也就在這種百家爭鳴的盛壯氣氛中，愈加洗鍊、茁壯。

大抵而言，老子——稱他是《老子》一書的作者比較適切——的哲理，以及攻詰箭頭所指的對象有二：一是孔、孟一貫沿承下來．廣佈於天下的儒家思想；另一則是自我生存的現實狀態。所謂現實狀態，指的是朝夕不斷的權力爭奪、擴展領土，以及永無休止的爭戰生活。

老子是個不折不扣的非戰論人士，事事站在反戰立場，此點留待後面再作討論。現在，我們專就老子眼中的政治思想和道德觀念，作一番剖析詳述。

儒家主張人性本善，認為仁、義、孝、悌是人倫的基礎，是由善性生出，並據此基礎，衍出政治和道德的組合體系。對於社會秩序、習慣等，以禮侷限之，並以此作為行動的規範。

由於這種觀念的影響，所以，產生了不喜革新的保守思想，並認定社會所以會不斷地出現爭戰殺伐，完全是因為人們忽視了舊有的道德禮教。這也是戰國之世，儒家亟欲恢復舊有禮制的原因。

▲在儒家思想中隱藏著的危機

老子認為，像儒家這樣妄下定論，主張人性本善的理念，實是大錯特錯的。至於儒家所倡導的仁、義等禮教道德，不過是外表冠冕堂皇的詞藻罷了。儒家妄想藉此禮教道德來匡正戰亂紛擾的社會，實則適得其反。同時，這些禮教道德也成為人們巧妙偽裝自己本心的絕佳盾牌，委實可笑。

由於社會上到處充斥著以華美語言隱飾自己本心，並振振有辭地指說何人為善、何人為不善，所以，社會才會愈益混亂。而人們生存於日益虛偽的環境中，自然忘了要反璞歸真，從此失去了人類的本性。——這就是老子對政治家和智者所作的評論。

老子必定是迫切體察到在儒家思想的引領下，人類將會瀕臨失去人性的危機，所以才大力疾呼：「大道廢，有仁義。」而所謂「大道」，指的就是永恆之道，也就是真正的人性。

戰國時代就是在這種華美言飾的流行下，展開了自由的思潮之風，但也因此使人們失去本來的人性，無怪乎老子要歎言「大道廢，有仁義」了。

孟子指稱戰國之世是「楊朱墨翟之學橫行」。慨歎天下人都受了楊朱為我學說和墨翟兼愛思想的影響。由此可見，戰國時代，儒家以外的思想，佔有巨大聲勢，而老子所以不惜與儒家針鋒相對，為的是有感於儒家的政治思潮已然危機四伏。事實上，我國的儒家思想，不但對以後的歷史影響至鉅，對東方鄰近國家，也發生了很大的影響。

在戰國之世，人們不僅自己喜歡以仁、義、至誠等華麗的言語隱飾自己，同時更強制別人也這麼做。為政者每每強制人民這麼做、那麼做，冀圖培育出天下公認的善良風俗，這就是春秋以來習稱的「教化」。

政治和教化成為同義語，為政者認為，唯有教化人民，才是昌明的政治。且不管這教化風俗的背後究竟隱藏著什麼動機，總之，它以政治名目為外表的裝飾，是十分華美動人的。在這種偉大名目之下，加上強大政治力量的箝制，人民只有乖乖被教化了。事實上，人民如果不聽從教化，恐怕很難順應時勢而存在。

歷史告訴我們，自來忠臣良民，一直是被限制、束縛於既定的框架中的。

▲對道義性的政治和教化政策的反抗

總之，對於以教化和道義的政治，虛設名目箝制人民的事實，老子以為是應該積極唾棄的。由他所說的：「大道廢，有仁義。」話中，我們不難體會到老子的心境。

戰國亂世，既有爭戰紛擾的不斷進行，又有重罰苛稅的壓迫——老子曾一再提及當時課稅的可怕情形，關於這點，我們會在後面章節中詳細論及。

同時，老子並一再呼籲，教育是國家的重大事業之一。對於這種專務教化人民為政治方式的不當情形，儒家大師孟子，也了然於胸。

然而，由於孟子是位深懷抱負的理想主義者，所以不惜費時費力，周遊列國，向各諸侯進言：「王應由本身教化起。一旦自身備有仁德，能以道義治天下，則可行王道，否則將會招致滅亡。」可惜非但未為諸侯採信，反譏嘲孟子是位「迂腐之人」。

究竟在現實社會中，仁、義教化具有什麼功用呢？即使各諸侯心中明白，以仁義教化人民是正確的舉措，但若要求各諸侯本身奉行仁義，依附仁義而達王者之道，這要求卻未免過於可笑，只會惹來一陣譏嘲而已。所以老子一再強調：「大道廢，有仁義。」

如果當時有人向老子提出詢問，該如何匡正天下趨勢？恐怕老子不會正面作答。只會勸導人們，從根本處推翻掩飾行為的冠冕堂皇言詞，並且告訴人們：「道可道，非常道。」我們如果真想尋求如何矯正時弊的答案，似乎得先研究一下老子的哲理學說，從常道的形而上學中探取真義。

6　虛無才能永遠活動

天地之間，其猶橐籥乎（第五章）

「天地之間，其猶橐籥乎，虛而不屈，動而愈出。」這是《老子》中第五章的部分章句。所謂橐籥，其實就是「風箱」。橐籥必須內部虛空，才能引動風力，產生活動。

所謂「屈」，是「用不盡」之意。也就是說，唯有橐籥中空，才能持續活動，同時愈活動，愈能鼓吹出空氣。

這句話，無疑是將「天地」看作與「道」同義。「道」必須和橐籥一樣，永遠維持內部空虛狀態，才能不斷產生作用，永無休止地活動下去，也才能產生「物」。如果內部不虛空，就不能當機器使用，也不能自如操縱了。要言之，道必須永遠虛空，才能永遠活動。

前面所提到的「玄之又玄」，正足以表明道的形態和功用。所謂「道」，是玄妙的「虛」。正因為它是「虛」，所以才能「動而愈出」，並持續活動。這種由玄妙的「虛」，以及種種活動所創造出來的才真正稱得上是「玄之又玄，眾妙之門」。

在《老子》第十一章中曾提到：「三十輻共一轂，當其無有車之用。」所謂輻，是指車輪上的輻條，三十支輻條集中於中央的轂處。所謂轂，指的是車輪的軸心。由於軸心內部中空，所以才能匯聚三十支輻條，使車輪轉動。這又證明了內部虛空，才能活動的道理。

另外，在十一章中，老子還將道比喻為器。器皿由於內部虛空，所以能盛裝物品。

換言之，器皿的作用是因為「無」而得。正如人所住的屋舍，雖然有門、有窗，但是內部卻是虛空的，所以才能發揮供人居住的功用。

總之，器皿與屋舍的功用，都是由於內部虛空而得。同樣的，萬物所以能生存、活動，也是因為「道」本身具有虛空的特性而得。

▲有和無的哲學

可以說，「無」是一切功用的根源。一旦世上不再具有虛無的空間時，萬物將會停止作用，呈現死亡狀態。老子的「道的哲學」，正是主張「無」是一切根源的哲學，並進一步確認「無」的存在本質。

屋舍中可以容我們堆置物品，但如果沒有先令屋舍中空，屋舍也就不成為屋舍了。也就是說，在屋舍中堆置物品，意味著我們開始受到束縛和限制。堆置的物品愈多，所受到的束縛、限制愈大，最後終至使自身陷於無法活動的僵死狀態中。

不但個人如此，就連整個社會、甚至歷史，都是這種情形。由於受到制度、秩序、信條等固定觀念的束縛，往往無法動彈，如果不適時地加以否定、去除，使之回復到自然狀態，則必然就此處於僵死狀態中，無法進步。

因此，必須將一切認為是有價值的東西，悉數自屋舍中拋出，使屋舍回復到原本虛無的狀態，否則必會遭窒息之苦。唯有回復自然，重返虛無的境界，才能豁然開朗。也唯有如此，才能清楚見到自己的真實面目。

老子將這種情形歸納為「動愈出」，必須歷經幾次打破僵死狀態的過程，才能使我們看見「道」，這點前面已經說得很清楚了。

在此必須一提的是，無論器皿或屋舍，都必須在內部放置人或物，使它呈現「有」的狀態，才能發揮「有」的作用。如果一味任其空曠，則無法使它具備「有」的作用。這種「有」和「無」之間的微妙關係，可以說正是老子哲學中的重要主題。

7 萬物與「無」是表裡一致

有無相生（第二章）

在《老子》第二章中曾經提到：「有無相生。」這句話的意思是，「無」並不是單獨存在的，只有在和「有」相對時，「無」才具有特性和價值。

也就是說，「無」是以「有」為前題而存在的。反過來說，「有」也必須在和「無」相對時，才能具體存在。不容否認的，「有」是萬物存在的表徵，但我們也不能不承認，萬物的存在必定以「無」為前提。可以說，萬物都是在「無」的當中存在的，為了存在，必須先經過「無」。

一切萬物都是在與「無」相對的境界中存在，我們也是在與「無」相對的世界中生存。這好比器皿本身與存在於器皿中的物之間的關係一樣。如果器皿不具備任何空間，則器皿中的物也將無法存在。同樣的，我們能生存，活動於天地之間，也是由於「無」的撐持。最重要的是，「無」如果不和「有」同時存在，「無」也就無法存在了。由此可知，由「無」所形成的「道」，必須在有萬物的情況下，才能存在。也就是說，萬物與「無」是表裡一致的，「有」和「無」均不能單獨存在。

▲「無」是萬物存在的前提——存在於相對的世界中

老子認為，唯有明確認識這種相對存在的關係，才能體會「道」的重要關係。

簡言之，「有」和「無」必須相對才能存在的理論，意味著在絕對中，什麼都是虛無的，只能相對性的存在，才具備存在的意義。由於有了「無」作為根據，萬物才能無限制地滋生，造成相對的世界。可以說，物是背負著「無」而存在的。這也是老子何以要以「無」為其思想根據的原因。

不但萬物和「無」之間呈現相對關係，即使萬物彼此間的關係，也是相對存在的。

在「有無相生」句子的前面，老子還特別提到：

「天下皆知美之為美，斯惡已。皆知善之為善，斯不善已。」

老子以為，社會大眾所認定的美，未必絕對是美，很可能是醜的。怎麼說呢？很簡單，被大家視為美的事物，在和比它更美的事物相比較時，原來的美，自然變成醜了。反之，醜也可能在和更醜的事物相比較時，一變而成為美。所以說，世上沒有絕對性的美醜存在。同樣的，世上也沒有絕對性的善惡存在。

▲將相對性的存在錯認為絕對性的存在，易陷入僵局中

在「有無相生」的句子之後，老子又寫著：

「難易相成，長短相形，高下相傾，聲音相和，前後相隨。」

所謂「相形」，指的是「互相形成」。而「高下相傾」，則是指高、低互相傾就。意味著唯有相對性的高、低差別，才能產生高和低的觀念。

一般的音樂，指的是「音」、「聲」配合而成的，而音又有樂器之音和人的聲音之分。然而僅此不足以充分說明相對存在的意義。所以，不妨將音、聲解釋為音階，是由相異的音，各自相對形成調和的聲音。只有一種聲不足以形成音樂，沒有其他音階相對立，也不能形成調和的樂曲。

可以說，萬物是採取相對成立的形態，展現並生存於世間，人類也是生存於相對的世界中。然而人們不解個中真意，往往將相對性存在的意義，錯認是絕對性的存在，而自陷於僵局之中，也就是陷於假死狀態中。有時甚至因為過於執迷，而失去自我。

補充說明：「有無相通」這句俗諺，和老子「有無相生」的論旨，可說在意義上毫無關連。諺語是將有、無互換，以求得彼此間的合宜。而老子「有無相生」的論旨，則是明白強調存在的相對性。不過，儘管二者在意義上並無關連，但不容否認的，這句諺語極可能是自老子「有無相生」句中脫衍而出。

8 「好」和「嗯」無異

絕學無憂，唯之與阿，相去幾何。（第二十章）

在第二十章起首處，老子即提出「絕學無憂」。這句話和釋迦、孔子等古代聖賢所提倡的教育宗旨完全背道而馳。可以說，全文的主旨和前項相同，泰半主張要超越相對的世界。至於後面所提到的：「損之又損，以至於無為。」與「絕聖棄智、民利百倍。」也和「絕學無憂」有相同的意境。

「絕學無憂，唯之與阿，相去幾何。善之與惡，相去若何，人之所畏，不可不畏，荒兮其未央哉。」

這是第二十章的首節全文，意味著如果強求知道事物的真相，只有使心智陷於迷茫昏亂而已。也就是說，在原本沒有差別的事物上，強以價值區分，將會使自己陷於迷惘的深淵中。

老子所主張的聰明智慧，並非要人強求知道差距，而應該超越慧愚差距，去瞭解「

一」，這問題將會在後面章節中反覆提到。知道「一」，本身就可以成為「一」，就可以得到平和、安穩，所以要「絕學無優」。

「唯」、「阿」都是回答的聲音，也就是「是」、「嗯」，「是」和「嗯」二者之間究竟有什麼不同？同樣的，世間萬物原本也沒有差別，即使有，也只是像「是」和「嗯」一樣，僅有極微小的差別罷了。同樣的，善和惡之間的差別也是微之又微，不值得人們大驚小怪的。

▲超越一切感情的平安

對世人感到害怕的事物，自己也會心生懼意，這本來沒什麼不對，但是我們必須明白一件事，所謂害怕，只要小心注意即可，大可不必把事物看成差距很大而大吃一驚。事實上，二者間的差距，正如同「是」與「嗯」的差別一樣，是微乎其微的。

世間萬事萬物一如荒草般無垠無際地包圍著我們。如果對周遭的一草一木都感到害怕，那放眼世間，值得我們害怕的事實在太多了，這豈不是陷自己於愚昧中嗎？

當我們學習各項事物時，對事物本身硬行分別其是非善惡，並強求辨出是非曲直，如此只會招致不安罷了——在敘述過這項宗旨之後，老子又具體描述超越相對世界的事物，並以象徵性的手法，悟解超越相對世界的「道」，而後能坦然無憂。將之譯為白話文如下：

「世間的人，一逢到開心痛快的事情，便像要去參加祭典，享用豐盛餚饌般地嘻笑不已，又好比攀登上高臺一般地開心不止。但是我（悟道者）並沒有生出任何感情，也不會像嬰兒一樣，感到徬徨，好像不知要歸向何處，又好像世人全擁有財富，而我卻萬分貧脊。

我的心智是否太愚騃？世間人一個個都聰明伶俐的樣子，只有我看來愚昧不堪，恍恍然像飄浮在大海上，惚惚地像不知要飄浮到何方去。世間人全都奮勉工作，只有我如此卑微無能。我和別人不同，我只敬重養我的母道之可貴。」

像這種悟道者所超越差別的境地，既無悲無憂，也無喜無樂，同時絲毫不感到幸與不幸的差別，無怒無歎，可說是超越一切感情的無限平安。

9 培育萬物者

道生之，德畜之（第五十一章）

關於道以及由道所造成的萬物，二者間的關係，在「眾妙之門」和「天地之間，其猶橐籥乎。」項目中，已詳細論及。由於道是無、是虛的，所以能創造萬物，能活動不息。在第五十一章中，老子又對培育萬物的德，作了深入探討。茲將全文抄錄於後：

「道生之，德畜之，物形之，勢成之，是以萬物莫不尊道而貴德。道之尊、德之貴，夫莫之命而常自然。故道生之，德畜之，長之育之，成之熟之，養之覆之。生而不有，為而不恃，長而不宰，是謂玄德。」

道，是生發萬物的元素，而德，則是滋養萬物的重要元素。德究竟指的是什麼呢？老子並沒有特別加以說明，我們除了自行揣測以外，別無他法。

不過可確定的是，這絕不是我們平常所說的道德。很有可能，老子將道視為珍貴、深具恩惠、母性美，而將之擬人化，至於德，則是表現養育之恩。由於道德具有這種深奧妙用，所以，萬物才得以形成、滋長。

所謂「勢」，指的是外在的歷鍊。所以在「物形之」之後，老子緊接著提出「勢成之」。也就是說，當萬物形成之後，再經過外在環境的歷鍊，便能有圓滿成果。

▲萬物的自然生成——自然的真理

所以說，道和德，對萬物來說，都是極其珍貴、寶貝的。而且最重要的是，道和德並非聽從命令後，才生出萬物、培育萬物；亦即道和德是在極其自然的情況下，滋生萬物、培育萬物。由此，我們不得不歌頌自然的偉大。

當時人認為神和玉帝——超越人和萬物而獨立存在，成為超越自然的絕對者，對世界萬物發出命令，並支配之——對老子而言，這是不存在的。而萬物依循自然之道自生自長，這才真是合於自然之道。天和道，不過是一種真理罷了，並非如世俗所言，支配世間並下達命令。這就是老子一心推倡的自然真理。

對於真理的作用，老子認為是道、德的妙用，所以又稱為「玄德」。本來，德是本身所具備的，而所謂「玄德」。則是指自然、天、道都已具備，這和人與人間的關係一樣，是有脈理可循的。像太陽是暖的、水是清的等，在在證明自然中所存在的德之可貴。

「覆之」指的是庇護之意。道會生育萬物，並加以庇護，但絕不會把萬物視為自己的所有物，更不會以此自驕自傲。如果真有神和玉帝的存在，則天會庇護萬物，但絕不會支配萬物。這種超然的天命觀，正是老子思想中的重要哲理。

人類也是萬物之一，也是自然的產物，由於受到自然的滋育恩惠，所以才能生存。但是自然並沒有支配或指令我們應該如何作，也不會對人們所作的任何事加以評論，別其善惡。人類和萬物就在這種自然無為的天地間，生生不息。

而老子也就是在這種自然狀態中，發現了「道」，發現了「玄德」，發現了自然的真理。

▲內心恍惚——道

道體本是超乎萬有的東西，至大至剛，超諸理想，同時體眾玄妙，不可捉摸。關於這點，老子特別提到：

「視之不見名曰夷，聽之不聞名曰希，搏之不得名曰微。此三者，不可致詰，故混

而為一。」（第十四章）

關於「夷」字的解釋，歷來眾說不一，多數學者都以為「夷」字主要在表示無法掌握形態的意思。「希」指的是無聲之意。「致詰」意味著要究明真意。稱道為「夷」、為「希」、為「微」，不外乎要表現道的本來面目，使之明白化。可以說，老子試圖以人力所不易達到的境界，來形容道，可惜仍然不夠淋漓盡致，未能令老子滿意。

第十四章接著還提到：

「其上不皦，其下不昧，繩繩兮不可名，復歸於無物。是謂無狀之狀，無物之象，是謂恍惚。」

這段話再度強調「道」的玄妙不可捉摸。在老子看來，如果勉強對「道」作詮釋，只能說，它是沒有形狀的形狀，沒有物體的形象，像這種既不落跡象又不淪為空冥，閃爍無法確定，只好稱作「恍惚」了。

其實，第十四章中，老子也是運用象徵性的手法，將無法分析、辯解的語言機能，利用視覺、聽覺等感覺，以具象表現出來。正因為如此，所以此章中才能充分表現出詩章的美來。

10 原始性的宇宙生成說

道生一，一生二（第四十二章）

關於萬物生成說，老子在第一章中以「無名天地之始，有名萬物之母」來解說。然而這種說法並不能使我們明白透徹。在第四十二章中，老子又用冗長的句子來說明「無」和「萬物」的關係，可惜仍不能令我們心領神會，豁然貫通。

「道生一，一生二，二生三，三生萬物，萬物負陰而抱陽，沖氣以為和。」

「道是虛無」這句話本來只是用來說明萬物一貫的真理。道是無，是真理，卻並非存在於物體之中。而道為什麼又生一、生二……？這是令人困惑不解的事情。本章的說法，是極原始性的宇宙生成說。

也就是說，老子把天地比喻為橐籥，將作用和生產的根源當作是虛無的哲理思想，兩相比較之下，此說難免令人感到幼稚。事實上，歷來老學研究人士所作的各種說明解析，似乎並不足以令我們對道和萬物有撥雲見日的認識。

▲宇宙生成論和老子的思想不甚吻合

有位學者表示——「天下萬物生於有，有生於無。」（第四十章）此處所指的有，乃是「道生一」中所說的一。一和道可說是相等的，唯一的差別在於，道是虛無的，而一則可說是有的出發點。至於陰陽和沖氣之說，指的是一和分為陰陽之前的一氣。這種充塞於天地萬物之間的氣體狀微粒子，有大有小，有遠有近。可說，氣是具備了無和有的中間性質。——所謂道生一，就是氣的意思，也就是要成為萬物之前的準備階段，在成為陰陽二氣之後，進而陰陽調和，並保持調和狀態，成為沖氣，然後逐漸增加，成為背負陰、懷抱陽，且具有陰陽的萬物。唯此則學說中，對陰陽和氣之間的關係，仍未能說明清楚。

另一位學者則主張——從一生、二生三，並由三衍生出萬物這點上看來，天下萬物莫不是背陰抱陽，然後依照陰陽兩種氣（氣息、生成力）混合，產生並調和萬物。——根據這種說法，則調和的是第三種物。

還有一位學者以為——道在滋生萬物時，是渾沌一氣的。這渾沌一氣分裂後，產生陰陽二氣，陰陽二氣又交合，變成三氣，然後三氣又滋生萬物。萬物各自背陰抱陽，從陰陽二者的感應，能生出具有搖撼力，並足以調和陰陽，生成萬物的力量。——照這種說法，三氣究係指渾沌和陰陽？抑或指渾沌、陰陽與和氣？實不得而知。

以上三說，令人無法理解的共同處，仍在於「道」。我們只能說，道是一種存在。至於生一而變為二（一生二），這個二是意味著在此產生道和一兩者？或是指一分離為二呢？由幾位學者的分析，不難看出後者的說法比較可信。

然而第三位學者的說法，指陰陽交合產生和氣，並成為三，這不會意味著陰陽與和氣應合計為三。依照這種演算法，則道、一、陰、陽、和氣，總共是五種元素，共同產生萬物，而萬物由具備陰陽、到擁有二的一，又是什麼關連呢？弄到最後讀者仍不免陷足泥淖中，倒不如站在單純的據點來重新思考的好。

至於這種難以理解的宇宙生成論，和老子的中心思想——無、返回自然——究竟有何關連？著實令人費解。在生成萬物時，道是呈什麼樣的情狀出現？無又是什麼樣？萬物又是什麼樣的？在在是團謎。

我們只能推斷，在當時，這種宇宙生成論，陰陽論十分盛行。而老子或許便在這種盛行的論調中，想到了「道生一」的理論吧？當然，這只是筆者個人的推想，不能認定事實就是如此。

總之，本章中形而上學的理論，和老子的學說本質，似乎沒什麼大關連。老子常主張「抱一」、「天得一而清」，是否其中的「一」，就意味著超越知性的無限存在呢？至於「有」，當然並非表示物理的實在物，也不是代表宇宙生成的原始渾沌狀態，而是指成為思維對象的無和渾沌，同時也點明了道就是虛無。

當老子說抱一時，是否意味著超越限定的渾沌和無限？或指超越對立的總體？這必須靠學者自己去體會了。

總之，此中的一，和由道所生出的一，實有大大的不同。

11 道是難以捕捉的

視之不見，名曰夷（第十四章）

在第十四章中，老子嚐試著用非常文學性的象徵手法，來表現並說明道。

「視之不見，名曰夷（無色），聽之不聞，名曰希（無聲），搏之不得，名曰微（無形）。此三者，不可攻詰（窮其底蘊），故混而為一。」

在第一章中，老子曾於道為玄之又玄。而在第十四章中，老子又將道更加複雜地形象化。在十四章中還提到：

「其上不皦，其下不昧，繩繩兮不可名，復歸於無物。是謂無狀之狀，無物之象，是謂恍惚。」

恍惚者，謂模糊無法看清之意也。

「迎之不見其首，隨之不見其後，執古之道，以御今之有，能知古者，是謂道紀。」

將難以掌握的道，以趣味性的口吻形容出來。

「執古之道……」意味道自古以來不變易、以臨天下，而現在也仍然支配統御眼前的現實相對世界，明乎此，則對於在天地的源頭即開始產生作用的無形之道，當有進一步體悟，這就是所謂的道紀（統道）。

12 萬物與吾人均是無限前進，返回自然

致虛極，守靜篤，萬物並作。（第十六章）

道真是那麼難以捕捉的嗎？老子又說：

「致虛極，守靜篤，萬物並作，吾以觀復。」（第十六章）

所謂虛和靜，可以分為兩方面來說，一是我自己心中虛、靜，可以見到萬物產生的狀況，亦可見到萬物返回自然的景象。也就是說，萬物又回復到無的情形。反過來說，我們在日常的喧囂生活中，無法見到生成化育以及回復本源的萬物形態。心虛、靜的論旨，自古學者即不時提到過。

尤其一些受老莊學說影響的學者，最喜歡引用這句話。但具體上的事實究竟如何？是否指心境的靜虛，在日常生活中又如何出現？實在不易理解。崇尚自然的田園詩人陶淵明，有首膾炙人口的詩，最足以說明這個道理。我們將在下一章中提到。

▲自然界的生成發展和我的存在

另一種則是「觀復」，也就是「各歸其根」。由此觀察，不難明白，萬物由虛無的極限，一直保持靜默，並開始成長，同時又回復到原來的靜、虛狀態之中，從而見到自我。我們如果想看見萬物的生成化育以及回復自然的情狀，就必須保持虛靜才行。然而我們本來就是萬物之一，對於自己的生成化育以至回復自然，由於心中喧噪，所以根本不可能看見。

在老子的思想中，「復」的作用十分重要。道會無限制地滋生萬物，養育萬物，並無限制地前進。而所謂前進，就是回到原點之意。唯有回到原點，才能永無限制地生生不息。這情形就和草木萌芽、茁壯，而後落葉歸根，翌年重又萌芽、長葉、落葉一樣。也許，當初老子正是受到植物的生育啟示，從而演示出這套哲理思想。老子還特別強調：

「夫物芸芸，各歸其根，歸根曰靜，靜曰復命，復命曰常，知常曰明……」

「芸芸」的「芸」字，並非「藝」的簡體字。「芸」是草字頭的「艸」，代表和草有關係。草字頭下的「云」，則本是雲的意思。「芸」字本指草名，同時並表示草萌芽繁衍的茂盛之姿。

在「夫物芸芸……」中，則用來形容萬物像草般地繁盛茁壯的狀態。

至於時下一般人每將藝字簡寫成「芸」，這是大錯特錯的。在中國文字中，「芸」是獨立存在，豈可胡亂借用為簡體字？藝字的簡體字，正確地說，應寫作「艺」。「藝」是裁植草木後割刈之意，由於割刈必須用手，所以才引伸出「工藝」、「藝術」等詞句。

▲無和返回自然的思想

由繁盛茁壯又回到原點（未萌芽以前）狀態，一切活動呈現靜止狀態。老子稱此情形為「命——天性——回復自然」。也就是說，由成長茁壯，以至於回復自然，這是萬物的天性使然，同時也是永恆不易的真理。《老子》在首章開頭提到的「常道」，也隱隱含有返回自然的意思。而老子的哲理思想，正是由「無」中活動，而後令萬物返回自然為中心，推繽出其他的自然哲理。

保有虛靜的心，可以讓我們了解到「萬物復歸於天性」、「常道」等哲理思想。老子所謂的「聰明」，正是能知天性的意思。

「聰」字的原來結構，是由表示空間的「囱」，加上耳、心的組合。由於耳、心的空虛，所以，物音才能清楚進入，心也才能清楚分別物形。關於此點，不但老子如此主張，在中國歷來學者的學說中，莫不視「空虛」為積極的力之表現。

13 確實的生命充實感——陶淵明

此中有真意，欲辯已忘言（陶淵明詩）

已往我們使用各種語言來說明道，但都未能淋漓盡致描繪出道的具體形象，老子自己也曾表示：「繩繩兮不可名」，道本來就是一種超越語言的存在，如果想用語言來解說道，真是難之又難。

依老子的說法，唯有極力「致虛」，並努力「守靜」才能進而「萬物並作」。然而虛、靜又作何解釋呢?簡單一句話，虛、靜也是難以用語言來說明的。

▲「虛靜」並非不可思議的魔術

也許老子過於著重知性的認識方法，所以，我們無法把握道究竟為何物。老子又表示，能保持「虛」、「靜」，就能看見道。而「虛」、「靜」一如禪中所指，是運用靜坐無想的方法，去尋求神秘性的認識方法。由於認識的對象是神秘的超理性的存在，所以這當然是認識的方法。

但要注意的是，禪和佛的教育宗旨，並非不可理解的魔術性說理，與極為日常的相同。老子的「無」和「道」的哲理思想，也是極平凡的存在而已。有位名詩人曾作過一首詩，試圖以淺顯易懂的語句來點醒我們。現在，我們暫且拋開老子的哲理不談，來看看這首詩。

▲平凡和充實的人生

晉末詩人陶淵明（西元三六五年～四二七年），曾寫過一首人人耳熟能詳的詩句，現在條錄於後：

結廬在人境，而無車馬喧，問君何能爾，心遠地自偏，採菊東籬下，悠然見南山。山氣日夕佳，飛鳥相與還，此中有真意，欲辯已忘言。

在寂靜的秋日傍晚，山氣祥和繞在四周，將採摘下來的菊花拈於手中，抬眼眺望天空，此時，幾隻鳥兒在空中飛舞盤旋，然後疾疾歸向巢穴中。像這種鄉間日日可見的情景，本是不足為奇，然而因為當時四周寂靜，令人頓時確切感到自身的存在，而自心底生出一番領悟來。不知讀者是否有過這種經驗？

在平凡的景色中，眼見二、三歸鳥回巢，而後天空漸漸昏暗下來，此時此刻，怎能不令人自心底油然而生確切的生命感呢？

能清楚掌握住「我是活生生存在的」，這種生命的充實感，人生還夫復何求？山、菊、夕景、飛鳥……在在都是極為平凡的事物，然而正由於平凡，才更能印證生命的存在。我們只能說，這種平凡景物以及觀看平凡景物的人，俱是自然的一環。

對於生命的充實感，對自然的把握，陶淵明統括為「此中有真意」。可以說，這種生命的充實感是極其平凡的，是不能用言語明白表達的，所以陶淵明要說「欲辯已忘言」了。

雖然陶淵明並沒有多作解說，但是一句「真意」，卻正道盡老子所說的「道」。生長滋育，在空中盤旋飛舞後重返巢穴，這不就是老子返回自然的最佳詮釋嗎？

在前面已經提到過「否定束縛」、「將填塞於空間中的物一一拋棄」，這正是把握道的方法。

陶淵明在詩中，將「否定」和「拋棄」的行為，以「結廬在人境，而無車馬喧」的語句表現出來，實是最恰當不過了。

▲無和充實是表裡一致的

中國的官場，往往被指為虛偽的世界。任誰置身其中，都不管是將自己製造成善於說謊者。而一些屬於「士」階級的文人，也只能在這種官場世界，找到可供自己活動的場所罷了。所以，除非是自小生於富貴家庭，可以衣食無虞外，至於像陶潛這種窮苦之「士」，只有委曲自己，置身可憎的官場中，否則將無法生存。因此，對一些有心人士來說，生存本身就已經呈現了矛盾狀態。

在陶淵明來說，要否定的當然是官場中的虛偽，所以，他毅然辭官歸回田園。值得一提的是，他絕不是年老辭官歸隱，而是為官未久即唾棄官場生涯。現代人不作官照樣能暖衣飽食，自然可以鄙棄官宦生涯，然而陶淵明所處的時代可就不同了。所以說，陶淵明在毅然辭官歸里之際，必是抱著至死不悔的決心。

回到田園，迎接他的只有稚子老僕，以及園中幾株松菊、天空中的歸鳥，和幾甕濁酒罷了。

由於現代人所處的時代背景，大異於陶淵明所處的時代，所以，要想將現代人和陶淵明作一直接比較，真是難之又難。我們所能肯定的是——當陶淵明棄官歸里之後，才驀然體悟到已往不曾發現的自然，也才在悠然自得的景色中，看見了「真意」。

前面雖然一再強調生命的「充實感」，但不容否認的，空虛的心境也是很重要的。任人皆知，真正的充實感，絕不是在喧噪、富貴以及名譽中存在。

那麼，充實感是否存在於空虛和虛無中呢？這種矛盾性的對立存在，老子卻將之歸論為表裡一致。

14 對虛偽的秩序習慣全力抗斥者——嵇康

吾非湯武而薄周孔〈嵇康的信〉

兩漢時代，由於國力雄渾壯大，不但奠定了傳統文化的基礎，同時確立了中國的文物制度和禮樂教化。漢朝崩頹之後，魏、蜀、吳三國鼎立的局勢隨之展開。此一時期，不僅社會混亂，政治紛擾，就連向來在諸子百家中居領導地位的儒學，也因末流的自相矛盾，而倏然失去昔日的權威地位。

當時不少人士，一心認為儒學以及儒學背後的政治權力支柱，都是形式上的虛偽存在，極欲徹底推翻這種思想權威，另外樹立新的生存方式、新的精神以及新的世界觀。而抱持此類主張的人士，大多是推崇、信仰老子思想的人。

但是，由於兩漢所樹立的禮教秩序實在過於壯實，要想從根本處推翻，委實是件不容易的事情。尤其是自兩漢以來，傳統文化已深植人心，魏晉之際的有心人士，意欲打破此種虛偽形式，勢必將經一番苦戰，在這種情況下，以老子哲理思想為依歸的人，自然而然便生出一種強烈的抗爭性。

▲王弼、嵇康的思想抗爭

目前我們所見到的《老子道德經》，是魏代的學者王弼（西元二二六年～二四九年）所著。魏代老子注本的問世，無疑意味著推翻虛偽禮教秩序的行動，已揭開序幕。王弼雖然只活到二十四歲便去世，但是他以一介青年，卻能對《老子》、《周易》等深奧的古典叢書，擁有卓越的見解和精闢的闡釋，確屬難能可貴，無怪乎要被當時的學術思想界視為奇葩了。

老子的哲理思想，自戰國之世以至漢初，一直廣受人們的歡迎和喜愛。然而自漢朝國勢興隆，並視儒學為國學之後，老學遭到前所未有的嚴重打擊，幾至奄奄一息。兩漢衰滅、魏晉繼之而起，老學才起死逢生，重覓得一線生機。現在我們來談談當時積極推崇老學的代表人物——嵇康。

嵇康在魏晉時代頗負盛名，和阮籍同為竹林名士的領導人物。這些竹林名士鎮日縱情詩酒中，高唱反禮教秩序，一心嚮往自由自在的高潔生活。

嵇康身材魁梧，丰姿俊逸，所作的詩句文章十分優美。由於生性喜愛自由無拘束，所以，視軀體如土木，不肯稍作修飾，然而他具有過人的資質才氣，雖然粗服亂髮，仍難掩蓋其耀眼光輝。

他喜愛老莊學理，並精通神仙之學，渴望過自由無束的生活，可惜受限於本身個性和環境的侷礙，使他無法像陶淵明般，過著閑靜舒適、悠然自得的田園生活。

有位叫孫登的道士，曾對嵇康說：

「你的個性過於剛烈，恐怕無法避免禍災。」

其後的事實，證明孫登果真一語成讖，嵇康得罪了權勢人物，被判處死刑，死時年僅四十歲。

▲憎惡和抵抗的精神

由嵇康所留下來的詩句文章中，不難看出他對當時世俗間的權勢富貴和禮教秩序，是如何地深惡痛絕。陶淵明以消極的遁隱避世，來抗拒虛偽的禮教秩序，嵇康則以激烈的態度和剛正的言辭，積極駁斥世俗的一切虛偽。陶淵明和嵇康同屬老學一派，不過二者所採的方式以及行徑卻截然不同。

老學的中心思想所在，是對世俗社會的虛偽禮教作積極性的駁斥。而嵇康，正是將老學此種痛惡世俗的精神發揮到極致的人。

嵇康有位好友名叫山巨源，也同是竹林名士之一。有一次，山巨源向一位大官推荐嵇康的才能，結果激怒了嵇康，認為既然是知交好友，就不該懵然不知好友的個性，妄自向官場推荐友人。

嵇康因此寫了封「與山巨源絕交書」，命人送交山巨源。在這封信中，嵇康列舉出自己不願仕官的七大理由。現在，將書信其中的三項理由，約略述於後。

「我無法令自己正襟危坐，因為那會使我渾身酸麻，甚至無法動彈，再說我自生下來，身上即佈有虱子，必須不時跳動抓撓，試想我怎麼能穿上官服，向長官行跪拜之禮呢？這是我不願為官的第三個理由。

我一向不擅長文書案牘，一旦仕宦，書案上勢必文書高疊，將不勝其煩。且我素來不喜應酬，恐會因此得罪官場中人。這是我不願為官的第四個理由。

我生平最恨弔祭，為此曾招致親友的非議指謫。天性使然，實在無法改變。且我生平痛恨一切虛偽禮教，不願身受束縛。這是我不願為官的第五個理由。」

由這些文章片斷中，不難看出嵇康確屬性情中人，而這一切唾棄世俗禮教秩序的態度，毫無疑問的，正是老子思想的極致表現。

可以說，這種積極抗拒世俗虛偽的禮教秩序，並一心憧憬自由真實的思想，在我國古代社會中，如無老子出現，很可能無法產生。由此更可以看出《老子》一書的重要性。

老子不但將清靜無為的思想全數傳於後人，同時也將激烈憎惡世俗禮教的情感一併傳給了我們。

▲崇奉老學思想，深具抗爭性者的一生

司馬氏在篡奪魏室天下，成立了晉室江山後，對於頗負名氣的嵇康大力拉攏，期望能因嵇康的才氣名望，壯大晉室的威望。可惜嵇康一生視官場生涯如毒蛇猛獸，嚴峻拒絕了司馬氏的拉攏，卻也因此種下殺身大禍，結束了他的一生。

當嵇康被捕下獄時，三千多名大學生為他求情，亦改變不了嵇康的命運。正常人們為他流淚歎息時，嵇康卻面不改色，面對美麗斜陽，從容彈奏一曲，然後慷慨赴死。

在「與山巨源絕交書」中，他曾痛切陳詞，提到：「吾非湯武而薄周孔」這也正是造成他被捕入獄的最主要口實。

湯王、武王、周公、孔子等人，乃是儒家奉為聖人般景仰敬重的人物，豈容人隨意冒瀆？這正如信奉基督教者，認為基督是神聖不可冒犯一般。嵇康雖然壯年去世，但在他的一生中，對老子的神秘主義，可說已經參悟得十分透徹。由陶淵明和嵇康的史蹟看來，我們可以看出，在魏晉時代，老子思想對世人的影響是何等巨大。

15 道具有母性本質(1)

谷神不死，綿綿若存。（第六章）

老子曾試圖以女性的性器，來說明「道」。也許，老子是在女性的性器上，得到靈感，從而衍生出對「道」的闡釋語句。

「谷神不死，是謂玄牝，玄牝之門，是謂天地根，綿綿若存，用之不勤。」（第六章）

「玄牝之門」令人連想到第一章的「眾妙之門」，此二句可說含義相同。玄妙不可思議，從而產生出各式眾妙的門，正是牝的生殖器。「門」字自然而然地令人連想到陰門。

「用之不勤」，意味谷神的玄牝功用，不但是天地的根源，而且這種功用將永遠延續不絕。另外，「門」是至尊至貴的，由於空虛的關係，所以才有了無限的作用，可以無限的使用。這和前面以「橐籥」作比喻是一樣的道理。老子為了表現「道」，不惜運用各種譬喻，將道的玄妙形態指引出來。

「谷神」一語，極可能是與「門」同樣的連想而得。谷是凹陷、空虛的存在，這種說法最足以表現「道」的玄妙。而用「谷神不死」加上神韻縹渺的昏暗無底，是最能象徵道的存在的一種譬喻。無限的萬物由此產生出來，而具有此種美妙不可思議的作用根源——谷神——是永遠不死的，一如玄牝之門是永遠不死一樣。

「谷」的另一個解釋是「穀物」。穀物全萌芽、生長，用它來表示道的無限創造，也是十分恰當的。

「谷神」是宇宙和人類的根源，換言之，「谷神」就是道，就是自然，就是自然的真理。它雖然幽遠玄妙難以捕捉，但卻綿綿不盡，是活動的根源。「道」正是具有此種母性的性質。

16　道具有母性本質(2)

有物混成，先天地生，可以為天下母。（第二十五章）

老子以母性本質來說明道，這類語句在其他章節中也經常可見。像前面所描繪的，不僅是單純的譬喻，同時更充分地以感覺性的表現，來說明「道」的玄妙。

在後面章句中，老子又用同樣的象徵手法，闡述「道」的玄妙深奧。

「有物混成，先天地生。寂兮寥兮，獨立而不改，周行而不殆，可以為天下母。吾不知其名，字之曰道，強為之名曰大。」（第二十五章）

「恍惚」一詞是老子用來形繪道的存在，在第九項中所引述的：「道生之……」正呼應了「恍惚」一詞。同樣的，第二十五章中的「混成」一語，亦是敘述道的無限定。因為在天地之先，已經有混沌存在，所以老子說：「有物混成，先天地生。」亦即天地是「有」的初源，而在「有」之前，早已有混沌現象存在了。

「寂兮寥兮」則是以聽覺來表示道的存在。將虛、靜的道，以更具感覺性的表現方法描繪出來。

所謂「獨立」，表示「道」絕不受任何支配和約束，更不會依賴任何物體存在。由於「道」具有永恆不易的特質，所以稱它「不改」。所謂「周行」，則表示「道」普遍存在於天地宇宙間。「殆」是懈怠之意。「不殆」意味「道」周行於萬象萬物之間，永遠不會懈怠、終止。可以說，萬物都依賴它而生存，片刻也離不開它，而它因此也就成為萬物之生母了。

▲母性的聲音、安詳和勇氣

當然，「道」是沒有名稱的，所以用字號來表現，正是老子的特殊風格。我國自古即習於稱呼對方的字號，而不直呼其名，因為直呼字號，可以令人油然而生親切感。可以說，「道」是老子為了使人易於感受到它的親切存在，勉強為它取的字號。

老子表示，如果勉強要為「道」取個名稱，也只能稱它為「大」了。道是萬物的生母，是偉大的母性，它寂寥無聲，可在任何場所包容萬物，並不斷產生作用，然後又回返到混沌之境。在了解「道」的母性本質之後，萬物應該會秉持無爭之心，從而獲得平和安寧的生活。

「大曰逝，逝曰遠，遠曰返。」

所謂「逝」，意味不再返回之意，所以，我們習於稱呼死亡為「逝」。「道」朝著無限遙遠的彼方行去，但是，在歷經一番作用之後，「道」必然會回到原來的「無」，然後再重新出發，開始另一番新的活動、功用。

偉大的母性不但給了我們平和安寧的生活，同時更賦予我們勇氣，讓我們勇於開始新的創造。只要我們能把握母性的真實形態，順從母性的玄妙作用，就能永遠不走到人生的極限。

如果只是一味堅持自己的主見，對於自己本身的恍惚置之不理，將無法聽到母性的聲音，必會僵硬倒下，這情形就是第十九項中所要提到的「人之生也柔弱」。我們留待第十九項中再詳作說明。

17 重返於母性

知其雄，守其雌，為天下谿。（第二十八章）

在前面我們已經說過，道是母性的，是雌性的。母性其實就是「無」。因為母性能包容一切，且會產生無限。由於母性不主張自我存在，所以萬物才能活動，不斷回復到無中。根據這些哲理，老子又引出另一段深含哲理的話來。

「知其雄，守其雌，為天下谿。為天下谿，常德不離，復歸於嬰兒。知其白，守其黑，為天下式。為天下式，常德不忒，復歸於無極。」（第二十八章）

老子這段話，旨在教導人如何學習「道」。也就是教導我們，如何試著將道的形而上學思想，作為實踐性的理論。關於實踐性的理論，在後面章節中會作詳細闡述。

現在我們先回過頭，看看前面曾提到過的「玄牝」、「谷神」、「天下萬物之母」等概念。明白這些語句的涵意後，再看看本節中所提到的「雌」、「雄」、「谿」等字眼，對於其中所欲表明的意念自可了然於胸。可以說，第二十八章旨在闡明老子極力提倡的「雌性哲學」。

▲視老子的思想具有功利性是否允當？

「知其雄，守其雌。」要明白這句話的表面意義並不難，但要體悟出它的背後涵意則十分困難。筆者參研多年，所得的結論和一般學者的論點大有出入。現在我們先來看看一般學者所作的闡釋：

①知其雄（雄是剛強的，但本質脆弱，外表上看，似乎優於他者，然而結果卻是最易導致被憎恨、被排斥。）守其雌（雌雖外表看似柔順，實則韌勁無比，雖時時落於他者之後，但結果卻是廣受眾愛，優於他者。）意味能遵守雌德者，必是眾望所歸……。

②雄和雌，外表看來雖有強弱、剛柔之分，但是，如進一步探討其中深義，當不難了解，剛強雖為眾人所期望，但柔弱者卻一本柔弱，不稍改其形態，唯其如此，才能獲得最後的勝利……。

③所有的人們，都知道求取雄（強）——統御的力量——但如果能夠遵守雌（柔弱）——隨和的態度——自然會成為水匯流的谿谷……。

以上三種闡釋，雖然有若干出入，但大抵大同小異。三者的一致看法是——唯有柔弱自持，才能廣得眾愛，得到最後的勝利，也就是認為，老子的思想具有功利色彩。

然而回顧老子所言：「常道」、「眾妙之門」、「天下萬物之母」等高超的精神比喻，與以弱為勝所強調的卑微精神，其間相去何遠？此種相對世界對老子而言，究竟具有什麼意味？思及此，對以上三種闡釋，又不能不令人心生疑念。

▲認知和包容的對立

老子在提到：「知其雄」時，「知」究竟含有什麼意義？①是意味著：「以雄的態度面對人生，結果會招致覆敗。」②意味著：「一般人的願望均在強，但遇事能忍，可說充分了解弱是正確的態度。」③「了解制御力量的可貴。」

以上三說雖略有不同，但就其解說，不難推究出「知」的含義。

筆者參研老子的精神，將「知」的內容、精神與功用，另作一番闡釋。今將淺見略述於後。

「雄」可以譬喻或象徵為「強」。然後再衍伸其義，成為擁有強烈的自我主張、不在意他人的自我肯定；以及根據這種想法所表現的不自然言語行動，和只知道競爭、紛擾的亂世之心在此卑俗的社會中喧囂、叫嚷的即稱為「雄」。

所謂「知」，是認知、包容世人和自我的主張。也就是說，認知和包容是相對立的存在。「雌」是無、是靜、是母性的。無和靜能寬容他者的喧囂，而強者不能一貫維持強者之道。

根據自然的理法而言，「守其雌」意味著將雌的功能作為自己的態度，也就是說，把自己本身和自然的道合而為一，努力再努力。

「谿」是產生萬物的地方，也是萬物最後歸回之處，這和「谷神」有相同的意味。簡單地說，就是使自己本身合於自然之道。

從表面上看來，「柔弱才會廣得眾愛，並獲得最後勝利。」和「成為母性的無，能包容他者的存在。」好像有若干相通之處。但前者只是為獲得生活的便利才如此，而後者則是與宇宙同生的精神。

同時，前者意味著想成為勝利者，也就是無法超越相對世界的人所作之事；而後者則是不會與低俗傲慢的政治權力、社會權威發生衝突——這正是柔弱者的個性——柔順而不折。老子的思想之所以能在歷史上發揮光大，對後世產生鉅大影響，即是因其超越卑俗的高超精神所致。

「常德不離」，意味谷之德不離自身之德。「復歸於嬰兒」，是比喻回歸自然，不受世俗的是非善惡觀念所惑，而招致禍害。「嬰兒」的比喻，老子在其他篇章也曾引用過，意味因為智的差別，每每影響到樸實的自然狀態。

「知其白，守其黑。」意味著了解顯明的光亮存在，也需明瞭昏然存在的暗與無。「為天下式」意味人應遵守之道。「無極」是永遠不變的無限之道，即表示將回復到無極，也就是反璞歸真的思想。在第五十二章中，老子也提出同樣的內容：

「天下有始，以為天下母。既知其母，以知其子，既知其子，復守其母，沒身不殆。」

所謂「子」，是由天地所生出的萬物，而身為萬物之母的天地，知道自己由何處產生，以母心作為自己的心，能永遠保持平和的心境。當然，天地所孕育的萬物中，也包括了人。

道可道，非常道。
名可名，非常名。

成為宇宙本體的常道，如果可以用語言把真相講述出來，便不是常道了。因為成為常道的條件，必須恆常不變。交流萬有之常德，如果可以用名相詮表出來，或是能叫出名字來，也不是恆常不變的常德了。因為德本是道的妙用，道不變德亦不變，如一有名相必有跡相，既落跡相便不會不變。（第一章）

天地之間，其猶橐籥乎，
虛而不屈，動而愈出。

大自然是空虛寂靜的，但在空虛寂靜中卻有造化，雖然空虛但不窮屈，且在空虛中藏有無限妙機，一旦發生動作時，便要隨動而出，越動越出，永遠無窮無止。

（第五章）

第二章

愚笨和柔弱之德——自然的生涯

18 孔子與老子的會晤

良賈深藏若虛（史記）

在《史記》的「老子列傳」中曾提到：「良賈深藏若虛。」這是孔子為向老子請教禮而訪周時，老子對孔子說的一席話中的一句。在前面的序文中，我們曾提到，孔、老會面一事，極可能是後人所虛構的。然而在這則虛構的傳說中，我們不難看出老子及其學派門徒的心境。

老子對遠來拜訪的孔子說：

「你所說的話，全是古人說過的話。現在說這些話的人，早已屍骨腐朽，徒然留下這些言論來困擾後人罷了。有才德的君子，一旦獲得機會，就能著名於世，可是如果終生得不到機會，就只有淪落流浪了。聰明的商人，總是隱藏自己的財富，使別人誤以為自己很窮困（良賈深藏若虛）。有才德的君子，也會盡量隱斂自己的才德，使別人誤以為自己十分愚蠢。奉勸你最好盡快拋棄你驕傲的心志和放恣的態度，因為這些對你沒有絲毫益處。我要告訴你的，也只有這些話了。」

儒家尚古，一直尊奉古代聖人和傳統的教訓，並奉為圭臬。所以，所學、所言，無一不是古人留下來的語言、書籍，而這些過時的語言，對於現世生活的人們而言，是不具任何真實意義的。所以老子提出：「名可名，非常名。」以為真實是不能在舌辯中產生的。

老子還對孔子說：

「如果這個社會能容納我，我很樂意出社會，披簑戴笠地過窮苦的生活，我想，你也該抱持這種想法。」

▲拋棄驕慢、野心和自我顯示慾

老子所說：「良賈深藏若虛……」那段話，無異在告訴孔子，驕傲自負，恃才而驕的人，其實是最愚蠢的人。當然，我們都知道，孔子的為人，未必真如老子所描繪的「驕慢、放恣」，但孔子是個不折不扣的雄中之雄，這卻不容否認。

在這段孔、老對話中，無異將老子之徒對於所處時代以及應如何令自己生存下去的心情，充分表達無遺。現在，我們就來看看，老子是以什麼樣的姿態面對現實社會？又如何使「道」成為自己所具有的德。

19 自枯槁中萌芽的精神

人之生也柔弱，其死也堅強。（第七十六章）

老子認為，每個人初生落地時，是事事不知的嬰兒，而嬰兒是柔弱的。每個人在歷練過人生旅程之後，終必回復到柔弱的嬰兒狀態，才能不離常德。也就是說，柔弱不僅能使人獲得祥和安寧，同時可讓人擁有生長的活動源泉，所以，人必須不斷努力，使自己回復到柔弱的境界中才行。

▲柔弱才是擁有新鮮生命力的泉源

老子在第七十六章中提到：「人之生也柔弱。」緊接著又說：

「其死也堅強，萬物草木之生也柔弱，其死也枯槁。故堅強者，死之徒；柔弱者，生之徒。」

老子很可能在「道」的思想中——道是母性的、是雌的，是具有生殖作用的。——得到啟示。另一方面，老子很可能由植物的生長情形中，得到若干啟發。而在第七十六章中，老子將自身所受到的啟示引發，藉文字的說明表達無遺。

老子認為，草木、萬物在活著的時候，外形與內質都是柔弱的，然而一旦面臨死滅時，形與質又都變成枯槁了，老子由此悟出柔弱合於道的哲理。

在有生命時，我們的精神是柔弱的，並要竭力避免使精神僵硬，這不是不可能的，這也就是何以老子要孔子拋棄驕慢、恣意的態度，以超越對立的存在。

遺憾的是，老子只留下抽象的語言說明，使我們無從捉摸到他的哲理精義所在。然而回味老子所說：「多言窮」（第五章），又不難明白老子不願多作申述，以免引人誤解的本意。事實上，老子一直認為語言不足以傳達真實。

總之，老子所說的柔弱，意味著經過不斷努力後，復歸於虛無本境的人生歷程。

在第七十六章中，老子又提到：

「是以兵強則滅，木強則折。強大處下，柔弱處上。」

可以說，第七十六章，旨在敘述國家軍備的問題，詳言強大軍備必會引來弊害。一旦堅強時，也就是將要破滅之時了。

關於軍備和戰爭，在第三章中詳細敘述。老子是位反戰論者，對於軍備和戰爭，曾寫了幾篇銳利批評的言論，值得好戰者深思。

20 宛如木偶般的精神

和其光，同其塵。（第五十六章）

在「大道廢，有仁義。」（第十八章）之後，老子又提出：「智慧出，有大偽。」老子並不以為言語或理性的作用，能把握真實。由於道是超越一切的，所以，愈用語言描繪，結果只有離真實愈遠，使虛偽取代了真實而存在，從而破壞了世間的原有秩序。因此，人類必須依理智，把握真實，將事物加以分別判斷才行。借老子的話說，這就是「智慧出，有大偽」。

老子所說的，無非是諷刺和寓意，自外表看來，會給人一種激烈的印象，然而事實上未必如此。對於那些高聲喊叫「這是永恆的真理」者，老子以為諷刺性的寓說是需要的。

人類不能經常拋棄理性或停止判斷，但卻必須經常要求自己回復到「無」的境界。要時常反省，身為萬物之長的人類，其實是多麼愚蠢、無知。

▲拋棄智慧，回復到樸實的心

在第五十六章中，老子還提到：

「知者不言，言者不知。塞其兌，閉其門，挫其銳，解其紛，和其光，同其塵，是謂玄同。」

所謂「知者不言，言者不知。」旨在明示人們，道本是無形無象，非不得已時，千萬不要輕談「道」，而經常將「道」放在嘴邊的人，實際上，往往並不是真正的明白「道」。

「塞其兌，閉其門。」意味要斷絕一切外界的刺激。「兌」和「門」，指的是耳鼻眼等五官，要人們阻塞五官，不見外界、不聞外界情形，而靜靜聆聽自己內心深處想表達的究竟是什麼。

「挫其銳」的「其」，是針對自己本身的「銳」而言。一般人對於頭腦聰敏的舌辯之士，總會心生景仰，以為是可資效法的對象。然而在老子看來，即使頭腦再聰敏、口舌再犀利，如果不瞭解真實的人類本心為何，則不過是個不諳世事真實性的愚者罷了，和遠自魯國來訪的孔子相去無幾。

這種人往往會傷害別人、打敗別人，看來像是能成為世間的成功者，但實際上，卻是脆弱易敗的，在真實之前遲早會潰敗的。

「紛」意味紛亂、纏混一起的狀態。老子以為，世上所以會呈現一片紛亂，完全因為人類的智慧使然。人類本來個個樸實，由於有了浮淺的智慧，於是使一切事物變得複雜無比，所以應該拋棄智慧，回復到樸實的境地，唯有如此，才能見到「道」，也才能見到人類的本來面目。所以，老子提出要「解其紛」。

▲成為愚鈍、卑賤，並染有塵埃的存在

「和其光」句中的「光」，指的是睿智。意味著要使之變為昏暗不明。所謂「同其

塵」意味使自己同化於汙塵之中，也是使自己成為愚、暗之意。老子旨在告訴我們，具有輝亮智慧的人並不足欽羨，反倒是那些頭腦暗愚的人，更能悟得人生真諦。

「和光同塵」這四字成為有名的語句，經常被人們所引用。這句話的可貴處，在於它含意廣泛，不受侷限。人類將有令自己成為愚鈍卑賤，與塵埃共存的人，才能從而獲得真實人性的生活，成為真正的人。

有位學者寫過一首題名為「宛如木偶般」的詩，內容別具創意，現在條錄於後。

當南方有個人快要死亡時，連忙去勸慰他，要他別害怕。
當北方有人打架、爭訟時，也忙著趕去勸解、疏通。
天乾旱不雨，便淚涕滂沱，遇到寒冷的夏季又膽怯徘徊。
被大家指稱為是個木偶，既不被讚美，也不被重視。
我希望自己能成為這種人物。

在「天久旱不雨」、「寒冷的夏季」時，聰明的大詩人也束手無策了。只能徬徨無助地徘徊不定。

像這種積極置自身於卑賤昏愚的境地中，完全漠視自身的利益，而一心關懷擔心別人的行為，實在難得。也由此可以看出，在老子的理想中，卑賤昏愚的形象，正是世人所應真正景仰的哲人。

所以雖然「和光風塵」，但由於內在的輝煌光輝能源源而出，自然會令我們感到其光、熱。這種人和詩人所描述的「宛如木偶般」人，其實是一樣的。

▲和光同塵無異於菩薩道

「宛如木偶般」的思想立場，和菩薩道是相通的。以濟度眾生為使命，和向人類伸出慈愛援手的菩薩心的行動，是完全一致的。「宛如木偶般」的詩句，以平易淺顯的文句，表達了「如木偶之心」，就是菩薩之心。

將自身的一切悉數拋棄，令自己置身於卑微汙穢的場所中，這種菩薩道確實有著密切關連。

補充說明：有位道元僧侶，曾在《正法眼藏》一書中，作過如下的描述：

「和光應跡的功德，獨為三世諸佛菩薩之法，非俗塵凡夫之所能。孔子尚未應跡，實業之凡夫如何能自由應跡呢？」

「菩薩於救眾生時，往往不擇時、不擇地，且令自己處於被救者相同的境地中（和光），努力去救濟世人。觀孔子所以教人的方針，似乎並不存有這種精神。」

確實，在我國傳統思想中，似乎並沒有這種純粹主張利他的感情傾向存在。將老子的思想和佛教思想作一比較，當不難發現，老子學說中甚少提到對他人慈悲之說。

然而道元卻引用老子「和光同塵」之語，來說明菩薩道，這是件非常有趣的事情。也由此可見，老子具有偉大的人格。

所謂「應跡」，意味佛和菩薩在應出現的場所中出現，普救眾生。這就是道元所以會引老子「和光同塵」來闡釋佛義原因了。

21　像自然界中的水一樣

上善若水，水善利萬物而不爭。（第八章）

「上善若水，水善利萬物而不爭，處眾人之所惡，故幾於道。」（第八章）

老子非常喜愛水。對於一切固定的、堅固的、強硬的東西，老子卻深表厭惡。水會自然順流，流到圓形器皿中就變圓形狀，流到方形器皿中就成為方形狀。同時水還有個特性，喜歡往低下的地方流注，並永遠不拒絕其他事的介入。

可以說，水永遠具有不爭的個性，不但不爭，它還隨時可以被對方所利用，一旦被利用時，便給對方恩惠。另外，水還會因場所的不同而改變形態，在給對方利益之後，本身更流暢無阻。即使流注到天地萬物所憎惡的場所，也毫不以為意。

值得一提的是，水的一切作為，並非出於有意志的作為，而是自然如此。水像「道」的存在一般，可說無時無地不在，有時清澈無比，有時卻又渾濁不堪。

對人來說，水有時可供飲用，有時卻又成為人所排出的髒穢物。可以說，水是至善的存在，試問，人如何能成為至善？

▲至善之道是經由平凡累積而得

在第八章中，老子接著又提出：

「居善地，心善淵，與善仁，言善信，政善治，事善能，動善時，夫唯不爭，故無尤。」

這段話承接前文所提「故幾於道」，好像不太合適。研究老學的學者，對此意見紛紛，有人主張此文旨在說明「上善」的內容，是後人妄行插入的，並非老子所說。可以說，此文旨在掌握充塞於日常生活中的至善之道。如果用現代文詞解釋，應是：

「自己每天生活的大地之上一片祥和，能保有本性，所以居於善地。心會如深淵般平靜悠然，無我、無私、無欲、無怨，所以是善。對萬物從不厚此薄彼，以仁利物，所以是善。應萬物之需要而至，不速不遲，是守信的表現，所以是善。對萬物的照顧絕沒有過與不及之處，猶如善政一般。作事時，能在多方面顯其功能，所以是善。能按時而動，不違天時，不違人事，不悖物性，所以也是善。」

正由於水累積了平凡的善，所以才能濟助萬物，並默默清除萬物的汙穢。而這種平凡的善，正是宛如木偶般的心態。

此章末以「夫唯不爭，故無尤。」作終結。無尤，意味無失敗。尤本是疣的意思，引伸為意想不到災難或失敗，意味有時會招致他人的怨恨。如果心能永遠保持如水般的自然狀態，自然可以無怨無尤，從而獲得幸福美滿的人生。

22 以幼兒之心肯定一切的精神

善者吾善之，不善者吾亦善之。（第四十九章）

在第四十九章中，老子提到：

「聖人無常心，以百姓心為心。善者吾善之，不善者吾亦善之，德善。信者吾信之，不信者吾亦信之，德信。聖人在天下，歙歙焉，為天下，渾其心。百姓皆注其耳目，聖人皆孩之。」

「聖人」一詞在老子的書中經常可見，意味體道的理想政治家，或是道的具體實現者。在儒家中所提及的「聖人」，指的是上古時代的文王、周公、孔子等德高望重者。但老子卻認定，這些不過是理想的形象罷了，在實際社會中，是不可能達到的。所以，此章中老子所稱的聖人，指的是道的體現者。

以佛教的觀點來說，就是「佛」。所不同的是，聖人往往被期待成理想政治的推行者。在中國思想中，聖人和政治形態往往息息相關，有密不可分的關係。「聖人」是人世間最理想的人，也是最理想的政治家。既是道的體現者，又是良政的適切推行人選。這點，在後面我們會詳細剖訴。

▲聖人會肯定一切

「常心」之常，為固執之意。無論遇到任何事情均不想改變，拘執不動的，是偏屈之心。所以「常心」之常與「常道」之常，意義完全不同。

聖人之心，是融通無礙，無偏見、無僵硬，正如前面所提到的水一樣，是渾然無拘無束，漫行天下，並隨時因對方的形態而改變自己的形態，以百姓之心作為自己的心，站在對方的立場來考慮一切情事。不但肯定善，同時也肯定不善。

對聖人來說，善未必是善，不善也未必就真是不善。信是真實的，而不信也是真實的。可以說，聖人也會有撒謊的人性。對於周遭的一切事情，聖人都予以肯定，認為一切事物都有其存在的理由。可以說，聖人是理想的人間形象。老子一再呼籲世人，應該向聖人看齊，要懷有如聖人般的包容和肯定心態。

聖人之心，絕不是聰明睿智的心，而是混沌暗愚的心，亦即「宛如木偶般」的心。

所謂「歙歙」，意味害怕。聖人並非巧言利口，聰明睿智，井井有條地處理事物，而是以兢兢業業的、且又沒有自信的態度，去處理天下事物。

「百姓皆注其耳目」意味世人都渴切希望能傾聽注視天下事物，從而察知事情的是非善惡與利害得失。然而聖人卻不大相同，聖人宛如嬰兒一樣，對世間事物不求洞察，超越一切是非善惡與利害得失的判斷。

23 至柔、不爭之德，是最理想的存在

天下之至柔，馳騁天下之至堅。（第四十三章）

在二十一項中，曾經提到老子主張水永遠配合對手的存在，因對方的形象而改變本身形象，同時不斷給予對方恩惠利益。在第四十三章中，老子又以至柔、至堅來描繪水的另一種形態。老子又說：

「天下之至柔，馳騁天下之至堅，無有入無間。」

水，是天下至柔的存在，同時也是天下最堅硬的存在。例如，對岩石、金屬等堅硬

物而言，水能像御馬狂奔一般，來去自如。「馳騁」意味策馬奔走。「無有」意指一無所有。「無間」就是毫無間隙。

水不但本身無間隙，且對周遭一切事物無隙自入。可以說，老子藉水的妙用，來象徵道的玄妙，同時用來譬喻偉大的體道者。為了要成為強的存在，所以必須至柔。也唯有能擁有自然無礙的心，才能作到。

▲柔適合天道，遠勝於剛

在第七十八章中，老子又重申柔、剛之義：

「天下莫柔弱於水，而攻堅強者莫之能勝，以其無以易之。弱之勝強，柔之勝剛，天下莫不知，莫能行。」

「莫之能勝」意味要攻克堅強的事物，再沒有比水更適當的利器了。「易之」意指水是天下最堅強的。柔能勝剛，弱能勝強，這原是任人皆知的道理，然而卻鮮有人能去實行。事實上，要想成為至弱，以求能克服至強，還必須具有相當的勇氣才行。

在第六十八章中，老子又提到「不爭之德」。

「善為士者不武，善戰者不怒，善勝敵者不與，善用人者為之下。是謂不爭之德，是謂用人之力，是謂配天之極。」

真正善為統帥的人，不但不會耀武揚威，而且不會露出兇狠威武的樣子。善於作戰的戰士，不但鋒芒收斂，不肯以強氣示人，而且不會顯露煞氣。善於打勝仗的人，每每避實就虛，不輕與敵人交鋒。善於號令群眾的人，更是掩藏驕氣，甘心處於群眾之下。所以說是「不爭之德」。

「配天之極」意味不爭之德正足以配合天道，通達天地生化的極理。而古代一些體會到無為自然之道者的心態，正是如此。

「柔之勝剛」與「弱之勝強」等語，後來被世人稍加引用，蛻變為「柔克剛」、「弱勝強」，成為良好的處世箴言。當然，我們不必對這些詞語的釋義提出異意，但是卻必須一提的是，如果一味以此語囿限了老子的哲理思想，恐會失之偏狹。

站在稱為「道」和絕對者的絕對立場而言，正與不正、善與惡都是相對的。這些都是微不足道的存在，應該令之雲霧四散般，消失於無形。所謂支配或被支配、勝或敗，也同樣是無意義的事。自超越一切卑俗事物，高高在上的「道」來看，才頓然憬悟，人類其實應摒棄一切，過著自由自在的生活才對。——老子的本意或許就是如此。

所以，老子才會在第六十八章的結尾處，提出「配天之極」，指出卑怯消極的生活態度，本來就是以終結會獲勝的觀點為前提罷了。如果站在「天之極」來俯視勝、敗之事，會發現二者間實在沒什麼差別。在現實中，採取具體的行動以前，要再度回復到「天之極」，然後順著自己所喜歡的方向去行動。——也許，這正是老子所極欲明示後人的哲理吧。

24　嬰兒不會被毒蟲所傷

物壯則老，是謂不道。（第五十五章）

在二十二項中，我們曾引述老子所稱的「嬰兒」。在第五十五章中，老子更詳細剖析嬰兒的德。老子說：

「含德之厚，比於赤子。毒蟲不螫，猛獸不據，攫鳥不博。骨弱筋柔而握固，未知牝牡之合而朘作，精之至也。終日號而不嗄，和之至也。知和曰常，知常曰明。益生曰詳，心使氣曰強。物壯則老，是謂不道，不道早已。」

老子所稱述的嬰兒之德，是帶有些許滑稽趣味的。將這段文字譯成語文，是：

「世人蓄藏天德最厚的時期，莫過於尚未成長的赤子時代。此時，赤子心中無知無欲，無好惡愛憎之計較，所以能和平相處，既不害物，遇到毒蟲也不會螫他，雖與猛獸相逢也不會害他，雖見到隼鳥也不會傷他，這完全是由於含德純全，無害物之心，所以物亦不加害他。赤子的骨骼本是弱小，而筋肌也很柔軟，但是每當他握起拳頭時，總是很緊固。他並不知男女間的情事，但卻能挺起生殖器而不倒，這正是精氣的全真境界。

他整天嚎哭，但嗓子並不因此嘶啞，這是因為赤子含蓄天德，發而中節的表現，證明他未失和氣。人類自生來都具有純全的厚德，只要不戕伐，不過度消耗，自然可以常保。能夠明白這個道理的人，才是真正明白的人啊。如果失去含德，就必須節欲養神，徒然依賴飲食藥物補益，只怕會招來不祥的禍患。

如果仍然一味掩飾虛弱，強作強盛貌，只怕會外強中乾，無法支撐多久。天下事物，只要一在外表上露出強大氣勢，就表示到了盡頭，要由盛而衰，開始走下坡了。這是和道大相違背的，只會招致滅亡而已。」

▲和和氣氣，不意識到外敵當前，才是最好的防備

毒蟲、猛器和禽鳥所以不會傷及嬰兒，完全在於嬰兒本身不知害怕，毫不在乎。所以說，完全不意識到外敵當前，而保持自然無懼的姿態，這才是最適切的防備。

緊握的雙拳，意味著軟弱者所擁有的強硬態度，這是不容忽視的。

生殖器官挺起，正表示其人精氣充沛，也就是說，內在所含蓄的生命力十分雄渾。嬰兒不嗔、不怒、不罵對方，只是一味哭泣而已，這完全是因為嬰兒心中平和，毫無爭鬥心，競爭心的緣故。

而嬰兒在整日嚎啼之後，喉嚨並不瘖啞，這是因為溫暖的和氣充塞體內的緣故。「和」一般而言，有調和之意，但在此處則意味著心中無爭的平和狀態。

充滿和氣、平和安穩的心，是永遠不變的。聰明的人能領悟道的真實涵義。反過來說，那些一味貪婪，想使生命永恆存在的人，周遭經常會隱伏著不吉祥的徵兆，反而無法得到安穩。

另外，意志過於強盛，妄想成為強者的人，往往會因為血氣旺盛而導致提早衰老，

自然也就減短了壽命。老子藉著嬰兒的形態，明示世人，應該順從自然，從平和安穩中得到不滅的生命。當然，老子也藉此讓我們明白柔弱才是真正強盛的哲理。

25 慈儉不成為天下之先的心理狀態

我有三寶，持而寶之。（第六十七章）

老子極少提到慈悲、愛等論旨。在第六十七章中，老子提到：

「我有三寶，持而寶之，一曰慈，二曰儉，三曰不敢為天下先。慈故能勇，儉故能廣，不敢為天下先，故能成器長。」

▲老子所說的慈，究竟是什麼意思

文中的「我」，指的應是信道者的我，即意味道給了我三樣異常珍貴的寶。自古以來，儒家喜將「孝慈」並列，所謂「孝慈」，狹義地說，是指子女對父母盡孝，至於廣義而言，則是指上孝父母，下呵護子孫。總而言之，「慈」是我國家族社會中，被視為極其珍貴，不可或缺的倫理常德之一。

在《論語》（為政第二）中，孔子在回答弟子所提：「如何才能夠使人民對君主盡忠？」的問題時，說：「孝慈則忠。」孔子所稱的「孝慈」，歷來學者的解釋有二。一是：「君主對父母盡孝，對百姓仁慈，人民自然就會盡忠君主。」另一則是：「君主對父母盡孝，人民自然會竭力盡忠。」以孔子所處的時代而言，筆者淺見以為，此二說當以後者為是。

在前面，我們曾舉老子所說：「大道廢，有仁義。」來說明儒學是老子的大敵。在同一章中，老子還提到：「六親不和，有孝慈。」所謂六親，指的是父子兄弟夫婦，意味在家道反常時，才顯出孝慈的美稱。所以老子不主張單獨表揚孝慈，因為孝慈若非在家道不立之時，是不易顯露的。可以說，這是老子用來揶揄儒學的。

當然，三寶之一的慈，並非單指對父母子女孝慈的狹隘意味，而是泛指對周遭一切事物均能慈愛。而這種慈愛之心，會給予我們勇氣。老子認為，兇狠、堅強，並不是真正的勇氣。

第二寶是儉，也就是儉約。自己能儉約，才能有餘財，才能廣施眾人，可以說，儉約是滋潤他人的珍寶德行。

第三寶是不敢為天下先，意味不敢作天下之先的事情。也就是說，要我們拋棄想站在眾人之前的念頭，經常和眾人混處在一起。這就是老子「和光同塵」的意思。因為人一旦有意的為天下先，勢必會引起有為的爭端，而成為佈道行德上的障礙。

文中所說的「不敢」，值得我們特別注意。在人類的群體生活中，必定有個屬於領導地位的人，站在前頭領導眾人。當然，世上不少人懷有領導眾人的雄心大志，想「為天下先」，也敢「為天下先」，事實上，究竟有幾個人真正具有「為天下先」的資格？老子的答案，必是寥寥無幾。

在此章中，老子告訴我們，一味捨棄慈愛之心、捨棄儉約美德，妄想居於領導者地位的人，必定會由於鋒芒過露，而早致滅亡。

▲士大夫階級當中的思想家——老子

在春秋、戰國時代的思想家，究竟以什麼人為對象，來闡述他們的思想和主張呢？由於環境的關係，思想、文化的需求者以及供應者，都被限定是官場階級者，也就是所謂的士大夫。士大夫是參與國家政治的知識分子，雖然參與的方法和途徑有不同，但是期望國家能安泰富裕的心願都是一致的。

每個思想家都期望自己的言論能被國君所採用，他們不斷向君主進言。老子既然生於此一時代，自然也不能例外，時時關心政治。當然，混亂的時間，每每會為思想家帶來煩慮苦惱。

不容否認的，當時的士大夫階級，在表現思想方法、構想型態時，必定強烈地傾向於政治立場。在第六十七章中，老子接著又引論出一段和一國政治有密切關係的文字。

「夫慈，以戰則勝，以守則固，天將救之，以慈衛之。」

春秋、戰國之世，各國陷於一片殺伐爭戰中，於是如何尋求富國、安國之道，成為君王和政治家的最大心願。

由於對本國國民以及對他國國民所生的慈悲之心與同情之心，促使戰爭不得不持續進行。當然，參戰國必須有相當的勇氣，才能獲得勝利。也就是說，戰爭必須基於慈愛而展開，否則失去天助，必會慘敗。

老子雖然反戰，但對於必要性的戰爭，則不作反對。所謂「天將救之」，意味以慈悲心念，護衛自己周遭的人、事，才能得到天助。

關於老子的戰爭觀，我們將會在其他條項中，詳細地討論。

26 和親鸞的他力本願想法相近似

人之不善，何棄之有？（第六十二章）

老子在提出：「不善者吾亦善之。」時，句中的吾，指的是聖人而言。在第六十二章中，老子又說：「人之不善，何棄之有？」此章的主旨在言，聖人是道的體現者，會成為理想的人物，所以主旨又聖人。在第六十二章開頭處，老子還提出：

「道者，萬物之奧，善人之寶，不善人之所保。」

「寶」與「保」同音，意味不善的人擁有道，並加以保護。所以「保」也可解釋為保全、保安之意。意味由道、依循道，而安心生活。

為什麼道會成為寶呢？我們的生命所以能存在、活動，完全是由於道的存在，如果沒有了道，則一切將不再存在。所以說，道是十分珍貴的寶貝，必須小心去保護它。

▲道是公正無私的，不管善與不善者，均給予安祥生命

「奧」指的是住家的西南方向，是家宅的最深奧、最尊貴的場所。道正是位於最深奧、尊貴的場所，能使一切的存在具體存在。不管對方是善人也好，不喜的人也好，道都會給予對方生命。當然，道也因此成為所有人的寶。

最難能可貴的是，這個珍貴的寶，絕不會從寶的本身捨棄人。所以，老子才又接著說：「不善人之所保。」並且提出：「人之不喜，何棄之有？」說明道的公正、包容，對任何人均能施予恩惠，使人人都能安詳地生活下去。

在第六十二章的收尾處，老子提出：

「古之所以貴此道者何？不曰求以得，有罪以免耶？故為天下貴。」

「求以得」，意味道能順從，有求必應。「有罪以免耶？」意指不管對方犯有任何罪過，道均會寬諒之。所以說，道是天下至尊至貴的。自然，對我們人類而言，道是「寶」。

寬諒不善的人，不捨棄犯罪的人。——這個想法，令我們想起親鸞的思想和話來。

我們試著將親鸞在《歎異抄》第一章中的話，語譯出如下：

「阿彌陀立志要濟度眾生之時，並沒有為眾生劃出老與少、善與不善之別，而是一律對待，祈求眾生能獲得祥和安寧的生活。我們只要抱持信念即可，因為阿彌陀的心願在於拯救世間所有人類，根本不分善與不善。所以，除了相信阿彌陀的本願以外，再不須任何善。因為再沒有比念佛更善的了。所以不必怕惡，因為任何惡都不能妨礙阿彌陀的本願。」

老子所處的時代，比親鸞要早了一千多年，所以老子所表現的語言，遠比親鸞所表現的語言要簡單多了。然而雖是短短幾句話，卻涵義至廣，讓我們深切體認到「道」的珍貴。

雖然親鸞所說的話，不是十分細微詳細的理論性辯證，但卻能讓我們充分瞭解事情的順序，意味著阿彌陀的本願，是為了要普濟因煩惱而痛苦的眾生，所以，在阿彌陀看來，世人不管是善是不善，都是擁有相同煩惱的眾生罷了，所以必須一一救助。而唯一妨礙阿彌陀本願的惡，應是人們不具信心一事。也就是說，必須對阿彌陀具有充分的信心，這才是真正的善。

▲在自我主張或自我肯定中，無法產生真正的善

由以上的說明，可以看出老子和親鸞間的說理方法，有著若干的不同。同時，佛教之義和老子的構想，也有著很大的差距，但是二者的根本思想，卻有著共通之處。在第四十九章中，老子提到：「不善者吾亦善之。」第六十二章中又提到：「人之不善，何棄之有？」說明了對於善者和不善者，道都有一本包容寬諒之心，救助他們。這點正和親鸞的說法一致。

「不善者吾亦善之」，意識不能自我主張自己本身是善。站在絕對者的立場，也就是站在「道」的立場，才能夠說的話，就是善。但如果隨便自我肯定地說：「不善者吾亦善之。」就好比在叫囂：「我是善的，我是正義。」一般，這正是老子最忌諱、最憎恨的，也就是「為天下先」的行為。這和親鸞所說的「妨礙阿彌陀的本願就是惡」，有共通之處。可以說，真正的善與念佛同義。另外，親鸞在《歎異抄》第三章中，還說過一段發人深省的話，將之語譯如下：

「既然善人也能出生於阿彌陀往生的淨土，何況是惡人呢？必定也能往生。但在世

間一般人都認為，既然連惡人都能往生，善人必定能往生，還能到達淨土。這個說法看似有理，實則與他力本願背道而馳。

因為自我積極進入善境，以期能安身立命的人，必定缺少了依賴他力的心態，這並不是順從阿彌陀本願的行為。如果真想往生於真實淨土（阿彌陀本願所報答成就的真實淨土），就必須放棄依賴自己之心，轉而依賴本願才行。

既然生於世間，我們自會背負過多的煩惱，而憂煩不安。阿彌陀同情我們，從而許下濟度眾生的本願，期望所有陷於煩惱中的眾生，皆能成佛。對阿彌陀而言，依賴他力的惡人，遠較依賴自力者，更易往生。淨土乃是為了迎接惡人往生之地。連善人都能往生，不消說，惡人自然也能往生了。」

本來，人生與煩惱同時存在，生命存在一天，煩惱便會一天纏繞不去，這就是惡人所以為惡人的理由。但是不管怎麼說，如果妄想憑藉自己的力量投生淨土，就是大錯特錯的想法。如此，將無法濟度眾生。

不相信阿彌陀的本願，才是真正的惡。這種篤信自我力量的行為，套句老子的話，就是忘了謙讓之德，敢為天下先的行為。每個人都有煩惱，所以，如果不依賴阿彌陀的本願，將永遠無法被救。

老子反覆告訴我們，要清淨無為，要愚暗昏昧，要回復到「無」的境界。也就是要我們放棄一切判斷、分辨的智慧，將自己的一切託之於「道」。這和親鸞所說，依賴阿彌陀本願的他力本願，在基本論調上，是有他們相通之處的。

27　微妙又無礙的聖人形態

古之善爲士者，微妙玄通。（第十五章）

在第十五章中，老子將體道者的形態加以形象化，並作了有趣的說明。這說明了老子具有優越的文學才能。由於第十五章的文句過於冗長，所以我們將之分為若干片斷，加以剖析。

「古之善為士者，微妙玄通，深不可識，夫唯不可識，故強為之容。」

所謂「善為士者」，也就是體道者。「微妙玄通」，意味微妙且融通無礙之意。「深不可識」在於強調「微妙玄通」是不可思議的實學程度。

「豫兮若冬涉川，猶兮若畏四鄰，儼兮其若客，渙兮若冰之將釋，敦兮其若樸，曠兮其若谷，渾兮其若濁。」

所謂「豫」，是指躊躇、害怕的狀態。「猶」意味用心慎重。「儼」是嚴然有威儀的樣子。「渙」意味不滯、不固守。「敦」意味篤厚。「曠」是明朗、空曠的意思。「混」是謂篤厚。「曠」是明朗、空曠的意思。「渾」是雜然混亂之狀態。將這段文字用簡淺的語文釋出如下：

「凡事三思，態度認真，猶如在冬天渡河一般，要全神貫注，就不會發生疵漏。不但在行事上能謹慎小心，即使閒居獨處時，也能拘謹一切心念舉動，不敢稍有放肆，持身嚴肅莊正，進退行止不失儀度，儼然作客一般。心境永遠渙然無滯，光明磊落，猶如冰雪將溶一般，不滯不存。性情淳靜樸實，渾圓敦厚，絕無偏激刻薄的表露，並且不賣弄機智。由於洞悉事物的理絡，所以不再為塵緣物慾所迷惑，一無成見，能包涵一切，像寬曠的山谷一樣，在紛紜的世上，雖然洞悉世事，但不願露鋒芒顯示自身的優點，所以能夠移人於默化之中。這正和渾濁不清的濁水所具有的功用一樣。」

由這個形象，可以推知體道者絕不是躍動的，也不是大聲詈罵，發號施令，更不是積極性的，而是謙容消極地生存下去，並且有其確定的存在。

可以說，這種人的存在，是含有趣味性的。好比陽春時的陽光，會溶解冰一樣。是明朗不拘小節的。也是不抵抗、安詳平和的人。以濁水比擬，正如同以「同光和塵」來比擬，是同樣的道理。

「孰能濁以靜之徐清，孰能安以動之徐生。」

濁水如果長久保持靜態，自會漸次澄清，成為自然的狀態。但是，要想保有這種自然狀態並不容易，只有體道者才能作到。換作一般凡人，只有騷擾攪拌，使它更加渾濁而已。這種情形，我們在日常生活中，經常會碰到的。

同時，能將永遠無法動的僵硬東西，搖動震撼，使之如草木生長般，如萬物生長般的人，究竟是誰呢？此非別人，自是天地自然。也唯有能體認天地自然之道的人，才能令萬物生成化育。將形成為某狀況而持續靜態的狀況，持續下去會固定化、僵硬。千萬不要激烈地搖動它，最好能讓它在徐緩狀態中萌芽、生長。古時善為道之士就能作到這一點。——此章的收束語是十分含蓄的。

「保此道者不欲盈，夫唯不盈，故能蔽而新成。」

經常保有自然之道，不希望造成滿溢的狀態。因為一旦盈滿，勢必無法動彈。「蔽」意味衣服擦破之狀。由於不是處於溢滿狀態，所以在遭遇破壞之後，還能再度修復。但如果是處於滿溢狀態，一遭破壞便無法復原。必須心中永遠保有寬裕餘地，自然能得到明日的新生。心中寬裕，則雖遭失敗，也不會成為致命傷。

28 聖人之言是淡而無味的

執大象，天下往，往而不害。（第三十五章）

第三十五章，旨在描繪體道者的聖人形態。前面所提到的「古之善為士者」、「含德之厚」與此章所提「執大象，天地往。」均在表示道的體現者，也可以將之解釋為與聖人同義之語。

老子站在各種不同角度，來描繪體道者的形態，並非要理論性地定義道的體現者，而是想藉形象和象徵的表現，讓讀者在樂趣橫溢中，進一步體認老學的精義。

▲悠揚邁向天下的聖之語，每易為人所忽視

「執大象，天下往，往而不害，安、平、太。」

所謂「象」，意指「像」，也就是「形態」之意。「大」者意味道也。「大象」就是無限大的形態，即在手上掌握住無限，步向天下，不受任何人侵害，能安全、平穩、奉平。這與二十四項中所提到的，德厚者令像嬰兒一般，不受毒蟲、猛獸的侵襲，道理是一樣的。而三十五章正是藉語言表現出更大更堂皇、能令人愉悅的形態。指出聖人是悠揚不迫的步向天下。

「樂與餌，過客止。道之出口，淡乎其無味，視之不足見，聽之不足聞，用之不足既。」

將此段文字譯成語文如下：

「能使人嚮往的音樂與酒食，只不過都是過客人的暫時享受罷了，所以，無法和道的嚮往價值相比。道如果說出口來，實在只是一個無聲無臭，淡而無味的東西，如果想看它的形相，是看不到的。想聽它的聲音，也是聽不到的。但是，如果打算起用它的時

候，就不同於其他了。因為它無所不至，無所不能，不論用到多麼長久，也永遠不會有窮盡之時。」

▲聖人是孤高、孤獨的

有的版本將「不足聞」寫作「可聞」，將「不足見」寫作「可見」，以為這才是老子的真意，唯有如此解釋才能使全文順暢。事實上，「不足聞」、「不足見」，才真具有含蓄深義，可以發人深省。

道雖然是大象，但卻不是真實的存在，我們很難掌握它的存在。所以，聖人雖然在安、平、太中，但是不被人們所瞭解，甚至連存在也被人們忽視了，這是聖人所以會孤高、孤獨的原因。關於孤高、孤獨的聖人形態，我們在第五十三項中會詳細討論到。

29 無為與念佛、自然與淨土之差距

不失其所者久，死而不亡者壽。（第三十三章）

前面我們曾經談到，老子的哲理和親鸞的言論，有若干相同之處。但是二者之間的出發點雖有共通處，而所遵循的途徑卻截然不同。親鸞的「念佛」和老子的「無為」，以及受他力引導而到達的境地——「淨土」和「自然」之間，實有天壤之別。

如果用簡單的語言來描述二者的差距，可以說，佛教是「彼岸和往生」，而老子卻是「世間和無限的回復歷史」存在罷了。

究竟老子和佛教二者間的思想，是以什麼樣的心情為基礎而產生的呢？現在，我們不妨試著來討論二者間的差距。

▲置於人間「橫的關係」的老子思想觀點

如「我有三寶」（二十五項）、「天下之至柔」（二十三項）中所出，不難明白，我國古代思想是和政治分不開的。如何才能導致善政的產生？如何才能成為一位成功的政治家？這是當時社會上一切思潮產生的根櫟。

在研究我國古代思想之前，必須明白一件事——權力和圍繞在權力周遭的事項，是當時思想家所最迫切關心的事情。

這種關心政治、權力所產生的問題和苦惱，往往會因為時代、場所的變遷而消逝。

試想，一個沿街乞討的人，怎麼可能會對掌握權力一事感到關心呢？當然，每個在社會中出生長大的人，和他所處的社會環境，總有密不可分的關係，會導致他一生的命運。然而就個人而言，所遭遇的問題內容和事實上必有很大的不同。簡言之，古人有古人的問題，今人有今人的問題，歐美人和亞洲人的問題也會因社會的不同而迴異。

這種因時間、場所的變遷而產生的不同問題，正是所謂的人間「橫的關係」。

▲對於「普遍」的相的存在

由生死、愛欲、病苦所產生的問題，和社會性的事項不同。人類的內在生存，必是超越時代、場所和個人——也許改稱為生物會比較恰當——從過去以至未來，要永恆的背負下去。即使到孤絕的海島或原始的人類社會，仍無法擺脫死和痛苦的纏繞。所以稱這種事項是超越時空的人類「普遍」的問題。

關於釋迦出家的動機，有則普遍性的傳說流傳。相傳迦毗羅城的太子悉達多（釋迦的本名），從城的東、西、南、北四門出遊時，先後遇見了老人、病人、死人以及出家的沙門（僧侶），因此，感歎世事的無常，為了想解脫老、病、死的痛苦，於是毅然出家。雖然這傳說未免過於情節化，但至少它讓我們明白一件事——釋迦和佛教和苦惱，是密不可分的。

佛教中有四苦、八苦之說。所謂四苦，指的是生、老、病、死。而所謂八苦，則是在生、老、病、死之外，再加上愛別離、怨憎會，求不得、五蘊盛四苦。

四苦中的生，指的是出生之苦，意味出生者在有生之年，必須歷盡苦難之意。愛別離，意味與所愛者分別時的苦痛。怨憎會指和所憎恨者見面時的苦痛。求不得意味心有所求，但卻無法如願時的苦惱。五蘊盛則指的是與意識有關的一切苦惱，可說是綜合所有苦惱。由怨憎會苦一點上看，可以看出佛教對人間觀察的細微、敏銳。

▲纏擾眾生的四苦和八苦

在面對生、老、病、死的人生磨難領悟之後，毅然皈依佛門的釋迦，對於人生的種種苦難，自有其獨特的禪理。在《感興之語》第一章「無常」中，曾詳細引論有關死的哲理。而書名《感興之語》，正意味著「佛陀在感興之餘，自然表明出來的禪語。」

「往太空中、大海中、以及深山中或世間所有深奧得找不到死亡威脅的場所去。」

「你已經老了！變得令人討厭了！一切美麗的形象，都因為你的年老而幻滅。」

「不論晝夜，人類永遠被損害，每每成為過去，無法再回復到從前。就好像魚被煎烤一樣，在忍受生死所帶來的苦痛。」

「軀體有什麼用？時常散發出臭穢，還不斷地被痛苦所侵擾，害怕老、死。」

「不僅無法救子，也無法救父母、親人。對於被死亡襲擊的人而言，任何人都不能成為救助者。」

我們根據釋迦的話或佛教的經典，不難查出有關四苦的闡述詞句，然而要想深入體會佛典及其教理，卻是十分困難的事情。我們只能瞭解，教理的出發點在於解四苦、八苦。由於洞悉了一切苦的產生根源，所以自能成為智慧者，從而斷絕四苦、八苦的煩惱羈絆，由無限的輪迴中解脫，到達涅槃，或往生於淨土。

▲對於老子「死」觀的各種解釋

老子十分關心人間「橫的關係」，但對於「死」的描述卻少之又少。在《老子》八十一篇中，只有三、四個篇章中約略提到。

「知人者智，自知者明。勝人者有力，自勝者強。知足者富，強行者有志。不失其所者久，死而不亡者壽。」（第三十三章）

此章末句，可解釋為不失自己所存在的場所，站立在生存場所的人，可以長久安詳永存。而死後不亡滅者，才是真正命長的壽者。自表面字義看來，似乎不難理解，然而要想把握住抽象的內容卻不容易。

「死而不亡者」究竟指的是什麼？歷來學者解說紛紜。我們試幾個常見的解釋，將之條錄於後。

(1)體悟道並且參入宇宙永遠的生命者，縱使肉體死亡，但真正的生命卻不滅。可以說，他的精神和功業會一直存在於世間。

(2)體道者能成為不老不死的神仙。

(3)即使肉體腐朽，但是死後仍能留下生的證明（充實的人生成果），而擁有永恆的生命。

(4)當死亡時，肉體不缺失者，才能長壽。

對於這些說法，不免令人深表懷疑。老子是否真希望人在死亡後，仍能留下功名、精神、功績等?老子是否真的想過，人在死後仍要留下生的證明或充實的人生等問題?而這些問題和無為自然又有什麼關連?

以上的解釋，第(2)項說法其實和老子的思想無任何關係，純係後世的道教之徒所妄加的詮釋。至於第(4)解說，和老子思想本質究竟有什麼關係?不能不令人存疑。總而言之，老子此章中所提及的死和壽的關係，實在過於玄奧，令人難以掌握其正確精義。

▲死意味著永遠回復到無

筆者淺見以為，將此章中的文句，解釋為與老子回復於無的思想，似乎比較恰當。萬物因為道而生於天地之間，並生育成長，時間到了便自然腐朽，這就是老子所慣稱的回復於無。所謂死，並不是亡，而是歸於舊有場所中，也就是永遠的回復於無，並且再次開始新的出生、茁壯、死……這才是值得慶幸的永恆之壽。

死，意味著永遠活下去，在自己應存在的場所中。是件能夠安詳永住，而值得深自慶幸的事。——以此來解釋道的真理，從而坦然接受死生觀念，筆者以為是比較合於自然理法的。

當然，各位大可以依自己的闡悟，另立下新的見解。

老子並未十分清楚地表達他坦然接受真理的死生觀念，但是，承襲老子思想脈絡的莊子，卻在著書立說中，明白談及。對莊子而言，這是個很重要的思想，是道的思想發展之後，所必然會達到的概念方法。

這個問題我們留待以後再詳細討論。現在，我們不妨就老子所說的死，試著以「橫的關係」來剖析一番。

30 為政者一旦豐裕，人民便會選擇死

苛政猛於虎《論語》

威暴的政治，和課徵重稅的政治，同是令人心生畏懼的苛政。《論語》中有句語，說是苛政比猛虎還要可怕。這不能不令我們深思痛省。我國自古即有重稅虐民的苛政，在老子所處的時代便有這種情形。在第七十五章中，老子以死和稅金，對時政提出嚴厲的批判。

「民之饑，以其上食稅之多，是以饑。民之難治，以其上之有為，是以難治。民之輕死，以其上求生之厚，是以輕死。夫唯無以生為者，是賢於貴生。」

將之譯為語體文如下：

「人民所以會常常饑餓不飽，完全是因為為政者課稅太多，人民納重稅以致財盡，無法自給，只有經常饑餓了。人民為什麼會難以治理呢？因為為政者太有為、太多事，使民無所適從，所以才難以治理。人民為什麼不畏死呢？因為為政者奉養太奢，索求過甚，使民窮於應付，所以在民不聊生的情況下就不再畏死。為政者唯有不將自己的生命視為至高至貴，並將愛自己的心轉而去愛全體人民，自然不會再發生任何不好的現象。人民在各得其生之後，必會感到生存是很有意義的。」

老子反覆中論一件事——為政者不能有為，必須無為，才能達於治境。

為政者如果過於重視生活、生命，自然會課徵重稅，以作為他本身需用的費用。人民有感於苛政的可怕，所以寧可被老虎吞食，也不願活在世上受罪。有了這種想法，自然就會輕生。為政者唯有不厚待自己，才能使人民豐足，國家富裕，而自己也才能安泰享有權力、地位。如果一味賦稅繁苛，人民只有選擇死。

▲對人民而言，苛政比死更可怕

在第七十四章中，老子提到人民由於畏懼苛政，所以不惜選擇死。而為政者動輒以法律威脅人民，勢將無法維持國家秩序。唯有推行善改，人民才會感到生存的可貴，從而畏懼死。同時，由於犯罪者將會被處死的律條拘束，也會使人民因為怕死而不敢犯法。

此章自死的可怕，造成人間幸與不幸的原因中，來探討人世間「橫的關係」。老子這種想法，強烈意識到人世間存在本源的命運和死，以及隨之而來的苦，視為人類最大的不幸。這也正是我國思想的特徵所在。

現在，我們來看看《論語》中「苛政猛於虎」的故事內容。

孔子經過泰山時，看見一位婦女蹲在墳墓前，哀傷地哭個不停。孔子命子路上前詢問婦人為何啼哭不止。婦人說：

「這兒經常有猛虎出沒，我的公公被老虎吃了，丈夫也被老虎吃了，前不久，連我的兒子也慘遭災難，被老虎吃掉了。」

孔子問她：

「既然猛虎那麼可怕，妳為什麼不遷離此地，卻還要住在這兒呢？」

婦人毫不猶豫地說：

「因為這兒沒有苛政。」

孔子於是對隨行的弟子們說：

「你們大家要謹記在心啊！苛政實在比吃人的猛虎更可怕。」

▲我國人民自古即抱有對「桃花源」的憧憬

陶淵明有首膾炙人口的「桃花源記」，相信各位讀者必定都看過了。可以說，「桃花源記」是藉那位誤入桃花源，在度過一段神仙生活後，回到人世，又再興重訪桃花源而悵然不果的漁人之口，表達出世人心目中理想的烏托邦世界。今將「桃花源記」摘錄數句於後。

春蠶收長絲，秋熟靡王稅。

荒路曖交通，雞犬互鳴吠。

詩中充分顯示出當時人民嚮往無為政治的心態。

自古以來，人民每被繁苛重稅所苦，在我國歷代古籍中，頗不乏關於人民嗟歎怨恨重稅擾人的記載，值得我輩人士深思。

31 死生一體的世界觀

出生入死。以其生生之厚。（第五十章）

「出生入死。生之徒十有三。死之徒，十有三。人之生，動之死地者，亦十有三。夫何故？以其生生之厚。」

這是第五十章的前半段文字。「生生之厚」正是本章主旨所在，意味人無法完成天壽，而往往過於執著自己的生存，過於注重生存的意義。也就是告訴我們，生、死是道的真理，只要能安靜地順從真理，自然可以得到長生。如果將自己所提到的「死而不亡者」，解釋為將生、死託於自然的真理，則本章所言，應是具有相同的旨趣。

▲真正重視生，將自己託於天命

有些學者將「出生入死」解釋為萬物由出生而至死亡，是自然的真理。或解釋為，雖然能獲得長生，但身體卻會死亡。以兵家之語來說，生地、死地，是意味著由希望獲得勝利的陣地（戰場），與無希望獲得勝利的危險陣地。

有位學者主張，老子的哲理學說，並沒有一定的解釋標準，研究老學者，大可依循自己的見地，而有不同的闡釋。這個說法倒也不無道理。

人在出生之後，必會有面對死亡的一天。然而每個人走向死亡的時間卻有先有後，有的人可以享天年，有的人卻在很年輕時便告夭折，其間的比例約為十比三。

所謂「人之生，動之死地者……」意味努力想獲得久生的人，極可能會適得其反地自損壽命，使生命提早終結。這類人在天地間也佔了十分之三。

《老子》一書，被愛人加附了標題。有些篇章的標題和內容，令人摸不著其間的關連何在。而此章以「養生」為題，卻是與內容十分貼切。真能貴生的人，必能將自己託於天命。——此是本章內容所在。

▲生、死是在夢中——莊子的物化思想

這種「養生」思想，在《莊子》書中表現得更為淋漓盡致。莊子與老子同屬道家系統，不同的是，老子罕言死事，而莊子則極言死事。莊子所稱述的死事，和佛教的死，又有出入。莊子極力強調，死也有強烈的樂天傾向。由於老、莊之間的思想關連，至今仍有若干難明之處，所以對於莊子的一些言論，我們無法作正確的詮釋。

在《莊子》的「齊物論」篇章中，有則眾所周知的寓言故事——莊周夢蝶。

「昔者莊周夢為蝴蝶，栩栩然蝴蝶也，自喻適志與！不知周也。俄然覺，則蘧蘧然周也。不知周之夢為蝴蝶與，蝴蝶之夢為周與？周與蝴蝶，則必有分矣。此之謂物化。」

這則寓言，意味著生於現實生活中是場夢，而在死後的世界裡也是一場夢。死的世界與生的世界，正如蝴蝶與莊周之間的關係，而死與生不過是物化罷了。在齊物論中，莊子又提到另外一則寓言——

「予惡乎知說生之非惑邪，予惡乎知惡死之非弱喪而不知歸者邪，驪之姬，艾封人之子也。晉國之始得之也，涕泣沾；及其至於王所，與王周筐床，食芻豢，而後悔其泣

也。予惡乎知夫死者不悔其始之蘄生乎！」

▲莊子的生死觀和樂天主義

莊子以為，人死了，就好比是回到自己的故鄉一樣。在上則寓言故事中，莊子將驪之姬受晉王寵愛後，錦衣玉食的逸樂狀態，比喻為死的世界，也就是將死視為快樂的境界，這和釋迦所闡論的死生觀概念迥然而異。可以說，莊子的思想中，橫溢著生也樂、死也樂的明朗樂天主義。既不視死為苦事，同樣地，也不把生視為憂患。

《莊子》一書中，有許多超越死生的脫俗語言，這和釋迦闡述語句中充滿了哀痛口吻，可說是兩個強烈的對比。在「大宗師」篇中，莊子提出一則寓意深奧，引人深思的寓言——

「俄而子來有病，喘喘然將死，其妻子環而泣之。子梨往問之，曰：

『叱！避！無怛化！』

倚其戶與之語曰：

『偉哉造化！又將奚以汝為，將奚以汝適？以汝為鼠肝乎？以汝為蟲臂乎？』

子來曰：

『父母於子，東西南北，唯命必從。陰陽乃天地法則。陰陽於人，不啻於父母；被近吾死而我不聽，我則悍矣，彼何罪焉！夫大塊載我以形，勞我以生，佚我以老，息我以死。故善吾生者，乃所以善吾死也……』。」

可以說，莊子這幾則寓言，和老子的回復於自然的思想是一致的。人類就像植物一樣，由萌芽、茁壯以至達於生命的極限而枯死，再回到土中，重新開始萌芽、茁壯，並且反覆循環不息。所以莊子要說，死亡就如同回到故鄉一樣，是快樂的。

由「莊周夢蝶」的寓言中，不難瞭解造化陰陽的萬物現象和變化原理。所謂死，並不是說什麼都不再存在了，而是意味著蛻變形象，這也正說明了造化的奇妙形態。

造化可說就是將天地的變化，看成道。變化是真理、是永恆不變的。由於把變化視為陰陽離合所發生的現象，所以說，陰陽和造化其實就是同義語。

▲常道就是眼前發生的事情

可以說，「物化思想」正是莊子思想中，最重要的一個環節。老子則主張，實在的道是由我們的現象中離開。將老子和莊子作一比較，會發現老子的哲理語言往往過於簡潔，令人不易明瞭，這就是為什麼不少學者主張，老學哲理可以因個人見解的不同而自下解說了。

雖然我們無法輕易斷定老學精義所在，但至少可以明白一件事——老子口中的「常道」，是超越現象的存在，也就是說，道會降到現象的場所中，潛入其中，完成真理的作用。

在「物化思想」中，莊子視現象為真理，以為「常道」不過是眼前的現象罷了，只有現在才是絕對的存在。可以說，老子未曾言明的現象，到了莊子的「物化思想」中，便完全清楚化了。

禪宗所提稱的：「春花、秋月、夏風、冬雪……此為人間好時節。」（無門關），和「日日皆好日」（碧嚴錄），以及「柳綠、花紅」等語，與物化思想中，將眼前各種現象視為真實或絕對的，可說具有共通之處。

《無門關》中所指的人間，並非泛指人類，而是指人類生活的環境。

「柳綠、花紅」一詞，出身宋代名詩人蘇東坡之手。可說是對自然美景的歌頌。也可以說，世間一切都是極其平凡的，然而也唯有在平凡中，才能表現出自然之美與真實性。

32 超越死生、遊於夢中

夜半，髑髏見夢。（莊子）

要想瞭解一種思想及其背後所隱藏著的民族性時，必須先觀察他們對死、生抱持何種觀念——這是瞭解一個民族的重要關鍵。

▲橫亙於老莊、釋迦思想根源中的死生觀

前面說過，釋迦因為參悟了人生的生、死之苦，從而遁入空門，修身養性。然而老子、莊子卻完全不同於釋迦，他們不但根本不考慮生、死之苦，反而蔑視一切苦，並由此觀念展開其回復於物化的思想。

釋迦認為，每個人唯有徹底追及自身所背負的苦惱，才能成為強固的解脫力量。也

就是說，如果不能徹底追及人類的煩惱，佛的教義便無法成立。換句話說，一旦缺少了厭世觀，佛教之義便無從成立。然而站在老、莊的立場以及整個中國傳統思想而言，人類絕不會因恐懼、苦惱而產生厭離人生的感情。這在「莊周夢蝶」的寓言中，將生、死同樣視為作夢般快樂，可以得到證明。

將老、莊的死生觀和佛家的死生觀作一徹底比較，自可豁然理解我國的民族性。

▲超越死生的莊子境界

在「大宗師」篇中，莊子提到：「不知說生，不知惡死。」這正是由物化思想中所得到的，死、生一如的高超境界。

另外，在「大宗師」篇中，莊子還藉四位隱者之口，談到死、生一體的哲理。「孰能以天無首，以生為脊，以死為尻，孰知死生存亡之一體，吾與之友矣。」說罷這段話，四位隱者還彼此相視而笑——這則寓言故事，正說明了死、生一體的高超哲理。同時，將死、生予以戲劇化，正是超越死生的最佳方法之一。

人本是起自虛無，由於無在先，所以無為首。從無生有，所以以生為脊。又由於死居最後，所以以死為尻。尻首雖別，本是一事。死生雖異，卻源乎一體。

▲遊於死後的世界中

在「至樂」篇中，莊子又提到一則寓言故事。

——莊子之楚，見空髑髏，髐然有形，撽以馬捶，因而問之，曰：

「夫子貪生失理，而為此乎？將子有亡國之事，斧鉞之誅，而為此乎？將子有不善之行，愧遺父母妻子之醜，而為此乎？將子有凍餒之患，而為此乎？將子之春秋故及此乎？」

於是語卒？援髑髏，枕而臥。夜半，髑髏見夢曰：

「子之談者似辯士。視之所言，皆生人之累也，死則天此矣。子欲聞死之說乎？」

莊子曰：

「然。」

髑髏曰：

「死，主君於上，主臣於下，亦主四時之事，縱然以天地為春秋，雖南面王樂，不能過也。」

莊子不信，曰：

「吾使司命復生子形，為子骨肉肌膚，反子父母妻子閭里知識，子欲之乎？」

髑髏深矉蹙頞曰：

「吾安能棄南面王樂而復為人間之勞乎！」——

由這則寓言中，可以看出具有與佛教之義相同的，對生的苦所作的認知。當然，這也正是莊子所要強調的，死後的世界是充滿了樂趣，並藉髑髏之言告訴世人，死後的世界其實是充滿了趣味，不值得懼怕的。

▲莊子並沒有否定現世的傾向

俗語說「位極人臣」。意味世間再沒有比南面稱王更能令人滿足、稱心的事了。釋迦當初捨棄將來可能掌握的權勢，遁入空門，而髑髏則在死後的世界中，找到與現世最高權勢者相同的樂趣。由此看來，莊子根本沒有否定現世的傾向，而是超然地將死、生視為一體，這是我們必須明白的。

將莊子這則寓言故事加以剖析——人類都會成為髑髏，但心中卻非常快樂，死後的世界和生的世界是一樣的。——由這個角度看，可以看出，莊子不但是徹底的合理主義者，同時也是現實主義者。這點倒是與老子的哲理思想十分近似。

33　自然詩人陶淵明的自弔輓歌

死去何所道，託體同山阿。（輓歌詩）

《老子》在第五十章中曾提到「人之生，動之死地者，亦十有三。」（正在生存中的人，正不知不覺地步向死亡之途，這種人也有十分之三。）不論老子、莊子，都有同樣的思想傾向——既主張死、生一體之說，又渴望能得到長壽。這種渴求長壽的思想，到了莊子以及同一時期的道家之流如列子、揚朱等人，實已遠較老子為烈了。

▲「全性保身」和肯定現實的傳統

《莊子》「養生主」篇中曾提到：「緣督（中也）以為經（常也），可以保身，而以全生，可以養親，可以盡年。」

簡而言之，這就是保身全生，也就是祈求長壽的思想。「全生」又稱為「全性」。但全性不僅意味著保全全壽，同時還令人感到天所賜與的千萬不能損壞，必須保全下去的心情。過於破壞自己性格、或作出損傷性格的事，將會傷及身體，所以，必須恰當適性地節制、養生。

這種追求全性保身，祈求長壽的思想，一經發展下來，竟流於尋求不老不死，渴望能成仙得道的邪道之說。可以說，這是老莊思想走向墮落的開始。同時，由於老莊思想中，本來就具有強烈的現實肯定與樂天傾向，所以，早已具有墮落的傾向。但是，這種坦率的現實肯定精神，和不求來世與淨土的合理主義，以及死生一體的人生觀，雖然不免含有容易墮落的缺點，卻是最好的傳統，可說是孕育人類精神的源泉。

陶淵明的「輓歌詩」，透過具體的形態，將老子的死生觀念，赤裸裸地呈現在我們眼前。

▲「輓歌詩」——洞徹死生觀的合理主義

所謂「輓歌」，指的是在扛抬死者靈柩時所吟唱的歌。陶淵明生前曾為自己擬作三首輓歌，以幽默的態度表達他對死生的看法，這正是「輓歌詩」的特色所在。

大體而言，陶淵明的死生觀承襲老、莊系統而來，然而他卻能以更合理性的情況，將死生觀淡淡地描繪出來，令讀者豁然理解。今將之條錄於後。

擬輓歌辭三首——

㈠有生必有死，早終非命促。
　昨暮同為人，今旦在鬼錄。
　魂氣散何之，枯形寄空木。
　嬌兒索父啼，良友撫我哭。
　得失不復知，是非安能覺。
　千秋萬歲後，誰知榮與辱？
　但恨在世時，飲酒不得足。

(二)在昔無酒飲，今但湛空觴。
春醪生浮蟻，何時更能嘗？
設案盈我前，親舊哭我傍。
欲語口無音，欲視眼無光。
昔在高堂寢，今宿荒草鄉。
相送出門去，歸來夜未央。

(三)荒草何茫茫，白楊亦蕭蕭。
嚴霜九月中，送我出遠郊。
四面無人居，高墳正嶕嶢。
馬為仰天鳴，風為自蕭條。
幽宅一已閉，千年不復朝。
千年不復朝，賢達無奈何。
向來相送人，各自還其家。
親戚或餘悲，他人亦已歌。

死去何所道？託體同山阿。

像這樣以冷徹態度面對自己的死，在嘲笑之餘慨然說道，如果能多飲幾杯酒該有多好？這種超脫瀟灑的飄逸形態，確實非凡。同時，這三首輓歌詩也充分表現出死、生一體的思想。

陶淵明一生嗜酒，可惜家境貧寒，不能如願盡興飲酒。他把這種遺憾也託於輓歌詩中，讓人油然而生豐厚的人情味。

「山氣日夕佳，歸鳥相與還，此中有真意，欲辯已忘言。」陶淵明不但能體悟大自然之美，同時更在輓詩中，明白曉喻我們大自然的偉大。所謂「道」、「自然」、「真意」，都是極平凡的存在。讓我們體悟到前人哲理思想的精奧偉大。

上善若水，水善利萬物而不爭。
處眾人之所惡，故幾於道。

最好的善行必須像水一樣。水性至柔，無私無我，並且只知道盡其性以利萬物，而不過意自己的功過、成敗。水甘願向低處流洩，不居物上，甘願代物潔身去垢除污。所以它幾乎近於道。

（第八章）

五色令人目盲。五音令人耳聾。
五味令人口爽。馳騁田獵，令人心發狂。
難得之貨，令人行妨。

世間的色塵會令我們心智恍忽，從而看不出善惡的分野界限。世間的聲塵每每令我們理智昏迷，消失了天生雙耳的真正功用。山珍海味使我們增加窮嗜的慾望心，從此心性好殺、殘忍。過度耽於田獵，會導致失心發狂，無法致虛守靜。一切外物都足以使人心勞神傷，不可不慎。

（第十二章）

絕學無憂。唯之與阿！相去幾何？善之與惡，相去何若？

將世上一切假學全絕棄，自然不會再有憂患。一個人在謙恭時所應答的「唯」，與在忿怒時所應答的「阿」，其實並沒有什麼差別。在有為中作出來的善，和公認的惡比較一下，事物上難有差別，但卻同樣違離了道，相差無幾。

（第二十章）

第三章

無為的自然之道——政治、戰爭

34 拋棄王侯意識，正視人生

天下神器，不可爲也。（第二十九章）

前面已經說過，老子一生，最關心的事情莫過於政治。《老子》一書中，對於理想的政治和政治家，有不少提案。然而在老子所處的時代，政治一語，不僅是意味著政治技術、行政能力，富國強兵、維持社會秩序以及確立人倫等情形，而是以具體表現「道」為目標的活動。可以說，《老子》一書，與內容侷限於人倫、社會問題中的其他古典書籍，大相迴異。

老子雖然全心關注政治，但對於「道」、「無」等形而上學，以及由此展開的非實際性事項，亦僅僅以哲理言論提稱罷了。

我們必須了解一件事——老子為了要讓人們正確理解政治究竟是什麼，所以先闡述「道」是什麼，期能令人們豁然領悟。

在本書的第一、二章中，我們已詳細論述老子對「道」所作的闡釋。在第三章，我們希望能直接地以關於政治的言論——此種言論數少——或直接以有關戰爭的描述，來探討老學的精義。

▲天下是一切的神器

老子雖然極少論到政治，但在寥寥的言論中，卻有重逾千金的名言。

「將欲取天下而為之，吾見其不得已，天下神器，不可為也。」（第二十九章）

這段文字十分淺顯，很容易明白。意味天下是神所給予的重器，所以，如果個人想取天下治理，是件十分困難的事。

在儒學經典《大學》一書中，曾提到「修身、齊家、治國、平天下。」的言論，以為作為一個天子，應當先從修德作起，最後才能平定天下。

此處所指的天下，無非是置於國的上位。具體地說，自是指中國全土。《大學》一書的正確完成年代，我們無從查證，但卻可以推知，它是產於諸侯兼併、戰爭激烈的戰國時代。所以書中才會有「平天下」的宏偉論調。

老子的思想正是以戰國時代為其背景而產生的，這點由書中的第二十九章所出現的

「取天下」詞句，可以得到明證。

春秋時代，各諸侯國雖然尊奉周天子，但私底下卻彼此爭強，意圖躍居盟主地位，統帥其他國家。這和戰國時代以侵略他國領土為主要目標的戰爭，自是大大不同。所以老子才會慨然地說：「吾見其不得已。」以此勸戒欲「取天下」者。當然，這種解釋雖然合理，但卻失去了包容神器一詞的意味。

不論是中國全土、一小國之地或是更狹隘的一小地區，都可稱為是天下的土地。我們旨在推究老子思想的總體系統，應該不要拘泥於土地的廣、狹關係。

「道」生天地、生萬物，並養育、長大萬物，從不視此為自己的功勞，更不誇耀、自傲。老子認為，人類所住的地方、生物所住的地方，都是天下。如果想取代天下，侵略天下的土地，並據為己有，從而以自己的意思去任意控制，自然會成為「吾見其不得已」。因為天下是神器，不可任人輕易奪取的。

在土地上，必定有耕作土地的農民，因此，農民是土地的附屬物。所以，取土地，無異取農民。沒有農民，土地將不再有耕作、收穫，不再成為財源。由此可見，農民成為取天下者獵取的重要對象。

「天下神器」，文中的天下，並非指領土，而是泛指天下一切東西，包括動物、鳥類、山川草木等等，可稱為神器。神器是由「道」所生出的，能超越人類的智慧，絕不原諒人類暴力的神聖存在。

▲別太過於得意忘形，天下仍還於天下

其實，天下任何一個存在，都是從「無」創造出來的存在。但是，身為萬物之一的人類，卻生出想取天下的意願，並付諸行動。想將天下土地據為己有，從而控制之。為政者甚至制定出種種禮儀、法律、制度，統稱為秩序，來支配、掌握土地，並且不允許他人侵害自己的所有物，將天下錯以為是自己的領土。

天下是神器，怎麼成為人類的所有物？無怪乎老子要說「吾見其不得已」了。

許多人錯以為取天下是男子的最高目標，最足以表示男子氣概。近代社會，一種政黨把持政府，這正意味著取天下之意。一旦取得天下，便視天下為自己所有，而任意控制。時至二十一世紀，世界更由大國爭霸戰進入企圖制霸宇宙的境地中。

這種想據有天下的意識，已經深植人類心中，發展成為自然對人類、地球或宇宙對

人類的情況。人類甚至自傲地以為，地球可以自由控制，是神授與人類的所有物，於是運用有史以來從未有過的大暴力，展開對自然的破壞，將一切生物導入死亡之域。

像這種暴力舉動，正是「見其不得已」。人類自己也被瘋狂行動推入毀滅的深淵中而不自知。如果真的肯靜心聽從老子的哲理訓示，明白「天下神器，不可為也。」的道理，捨棄取天下的王侯意識，不再將天下視為自己的所有物，才是自求多福之道。

▲「取天下」者，必自致惡果

在第二十九章中，老子還提到：

「為者敗之，執者失之。故物或行或隨，或歔或吹，或強或羸，或載或隳。足以聖人去甚，去奢，去泰。」

將這段文字譯成語文如下：

「凡是有所作為，不順萬物之自然，硬以獨斷手段來謀取者，必定不會成功。凡想用私智來執取者，結果必是歸於失望，無法長久。天下事物的道理就是這樣，越是無為越能長久，愈是有為反而愈會失敗。如在前獨行的人，其後必會有人窺伺。如打算把一件東西用呵氣歔之使暖，旁邊必會有人以冷氣吹之使寒。如果有人自視為強人，就會有更強的人令其損而羸弱。有見到財貨，欲滿載而去，必會有人顛覆其事而劫奪下來。所以明智的人，必定會閃開這種有為的弊害，以自然無為作為處事原則。凡事不以過度強人、不以奢華勝人，更不以驕泰欺人，自會一順百順，沒有得不償失的大錯了。」

35 保持自由的形態

載營魄抱一，能無離乎？（第十章）

前面提到「無為」，要注意的是，「無為」絕非「什麼都不作」，而是指「令其自然發展」之意。考慮到政治與技術、政策、法令的施行，終究會破壞了神器。

「大道廢，有仁義。」（第五項），我們在前面說過，古代的政治家，將教化、政治視為同義語，但又將將神器和教化歸為一處，認為神聖的天和大地，必須由人類來施予教化。老子認為，這種觀念不啻痴人說夢。所謂禮法、制度、秩序、教育等教條，都是人類破壞神器的傲慢行為，愚不可及。

「無為」一詞在《老子》書中經常可見。老子的政治思想，就是要實行無為。

「愛民治國，能無為乎？」（第十章）

真正的愛民，絕不是向人民下達命令，企圖指導人民，而是不作任何教化行為。在第十章中，老子還明白引論這種無為思想：

「載營魄抱一，能無離乎？專氣致柔，能嬰兒乎？滌除玄覽，能無疵乎？」

關於「載營魄」一語，學者解說各異。在此，不妨將之解釋為「生存活動的生命和肉體」。活生生的肉體和不會枯槁的生命，是「抱一」，也就是不離一。「一」指的是道。

「玄覽」一詞的解說，也是各家紛紜，莫衷一是。在此，我們不妨將之釋為鏡。歸納言之，意味有生命，是如嬰兒般柔軟的精神，心鏡清澄，自能投合外界的一切——這正是為政者所應擁有的性格。

有些學者將「抱一」的「一」，釋為無限的道。將無限的道比擬為「一」，同時將無限解釋為「多」，這是不正確的。「多」不過是獨立個體的集合罷了，但一是在無限大之中，所有個體均失其獨立性而溶於一，也就是消除差別，成為一。如此一來，「抱一」就意味著將擁有對立的無限大，經常置於心中，片刻不離身。

▲「抱一」——渾沌就是渾沌，依其自然——

在《莊子》一書的「應帝王」篇中，有則寓意深遠的故事。

——南海之帝為儵，北海之帝為忽，中央為渾沌。儵與忽時時相遇於渾沌之地，渾沌待之甚善。儵與忽謀報渾沌之德，曰：

「人皆有七竅以視聽食息，此獨無有，嘗試鑿之。」

日鑿一竅，七日而渾沌死。——

這則寓言故事告訴我們，凡事過於人工化，必會失去原本的姿態，從而破壞之。可以說，對於任何事物，可以詳細分析，了解其本體，但卻絕難掌握其真實的姿態。

其實，渾沌的狀態才是最真實的，能將此狀態掌握為「一」，才真是把握真實。現代人每每只重計算、分析，一味探求真實，而忽略了將總體把握為「一」的重要性。只有老、莊一派的道家者流，能充分體認真實的「一」——渾沌——並尋求其真義。

在「應帝王」篇中，敘述主人（指似老子般的聖人與最上最高的人物），是用心如鏡的。既不送外物，也不迎外物，並能配合物，毫不隱瞞地將一切舖陳於世。並不是由自己積極的活動而知外界，而是在表示依本來形態去描述。老子所說的：「滌除玄覽，能無疵乎。」，正是理解老子哲理的最好參考。

在第二十二章中，老子曾提到：「聖人抱一為天下式。」所謂「式」，指的是模範之意。「抱一」，在《老子》書中經常出現，是很重要的概念。將渾沌釋為渾沌，自然狀態永遠保其自然狀態，絲毫不加人工修飾的「一」的總體，能把握事情的「抱一」思想，雖然不十分容易理解，但對現代文明社會細分化、專門化的思考而言，無疑是一則重要的教訓。

在第三十九章中，老子又提到：

「天得一以清，地得一以寧，神得一以靈，谷得一以盈，萬物得一以生……」

將天、地、神、谷、萬物予以細分，則天不是天，地不是地。此段文字，令我們豁然理解了「抱一」的深奧概念。

像這種成為一，並令自己抱持一，保持清靜的行為，說明了人類有能力將世界把握為「一」。唯有如此，才會有清靜平和的世界，而這也正是老子的理想所在。

當我們站立在岬的尖端處或高山的頂點處，眺望天空和海洋時，心中必會有雄大悠久的感覺，這種感覺頗近似「抱一」的心理狀態。當然，這時候我們絕對無法對眼前雄大悠久的景象下功夫。

▲為政者應比賢者更看重「如木偶般」的心

將自然狀態依自然的「抱一」、「無為」思想，予以超越對立和差別，便是知性的能力。但是在一般人而言，這種能力不叫「賢」。一般人口中所稱的「賢」，是指能加以分別認知其差別，決定其價值，並明顯了解技巧的智慧者。老子對「賢」的評注是：

「不尚賢，使民不爭。」（第三章）

當然，此說是針對為政者而言。說明了尊敬賢者，並加以禮遇的重要性。事實上，「尚賢」的思想，在春秋、戰國時代極為盛行。

在《論語》中，也可以見到孔子關於「尚賢」的主張。戰國時代，養士之風盛行，各國諸侯、大臣競相招募食客，藉以增進自己的智慧，培植自己的能力。當然，這些食客中頗不乏賢能之士。

墨子和荀子更是力倡「尚賢」、「致士」之說，極言起用賢能之士的重要性。但韓非子卻大唱反調，力陳「尚賢」之弊害。以為君主過於依恃賢士，必然導致本身昏瞶無能，甚至令賢士脅及自身的權勢、地位。

老子第三章的「不尚賢」之語，正是在這種「尚賢」風潮中所提出的論旨，這是他對時尚之風所作的不滿和批判言論。然而必須注意的是，老子反對「尚賢」，其想法、立場實大異於韓非子的反「尚賢」。老子以為，如果君主「尚賢」，臣下必會爭先恐後地令自己成為賢者，結果將成為智慧的爭鬥，而國家也會陷於混亂紛爭之中，了無寧日。

可以說，老子主張為政者應一本「如木偶般」的心，敬重「如木偶般」的人。這就是「不尚賢，使民不爭。」的本意。

▲「無為」——依民意去作的政治才是最好的政治

在第三章的結尾處，老子還提到：

「使夫智者不敢為也，為無為，則無不治。」

「使夫智者不敢為也」意味機智、陰謀將不復存在。「為無為」意指行無為之治。

也就是說，要封住智者的謀慮，以求達於良好政治的基本。「智者不敢為」，則一切自然狀態才得以保持下去，不致受人為巧飾，更不會受智慧、技巧的困擾。

老子認為自然——此處所指的自然，實包括了人類。——本身具有復元力，所以凡事依順人民的意願去作，才是最好的政治。如果妄由外界加以不自然的改造、作為，必會破壞了自然狀態。況且智者往往玩弄權術，經智者擾亂之後，國與民要回復到自然狀態，無異痴人說夢。

「無為的政治」，可以解釋為「不做作的政治」。也可解釋為是人民向為政者強烈要求「不干涉、不擾民」的政治。在《老子》書中，到處可見「無為」的思想、語句。然而要注意的是，「無為」絕不是怠惰不作任何事情。

36　引人注目的政治，會令天下不保

損之又損，以至於無爲。（第四十八章）

在第四十八章中，老子用簡短的文句，說明了無為政治的要諦。

「為學日益，為道日損。損之又損，以至於無為。無為而無不為矣。故取天下者，常以世事，及其有事，不足以取天下。」

大意是，為了想學會知識而日日努力作學問，終於使知識日增。然而學問只會帶給我們憂煩罷了。（參照第八項「絕學無憂」）如果學「道」，知識必會日漸缺乏，終於抵於無為之境。而無為，卻可以使一切事情順利達成。為政者必須深切體會，無為才是政治的要諦。

想取天下而治者，必須無事才可。所謂「無事」，意味不做引人注目的事情。如果一味進行了不起的政策，強力指令人民，勢必會加速極限的來臨。關於「取天下」的問題，請參照第三四項「天下神器」。

在談過「無為」之後，我們不妨來看看有關帝堯的傳說。

▲聖天子「堯」之世，天下泰平

堯是傳說中的聖天子，在堯的治理下，天下泰平。有一次，堯為了想深入了解，全國百姓對自己是否真心信服、擁戴，於是微服出巡，當他走到村落間時，聽見有孩童唱著：

「我們大家能生活下去，
這全是聖天子的恩情。
我們在不知不覺中，
一切都是像天子命令似的。」

堯繼續往前走，看見一位老人，邊吃東西，邊敲著鼓，同時，還不斷地以腳踏著拍子，高聲唱道：

「日出而作，日入而息。
掘井而飲，耕田而食，
帝力於我何有哉？」

堯微微一笑，這才放心了。

也許，在老子所生存的戰國時代，在關堯的傳說，已經廣泛盛行了。老子所提倡的「無為政治」，正是指堯時的政治。也就是說，連天子本身都不知道自己究竟做了些什麼，人民才能安和樂利。也唯有如此，天下才能泰平無事。

37 為政者的順位

太上，不知有之。（第十七章）

在第十七章中，老子提出一段寓意深遠的話：

「太上，不知有之。其次，親而譽之。其次，畏之。其次，侮之。信不足焉，有不信焉。猶今其貴言。功成事遂，百姓皆謂，『我自然』。」

「太上」意指最上的明君。太上的政治，自然是「無為而治」的政治。在太上的治理下，人民不會感覺受到君主的可貴，但卻模糊地知道有這麼一位人物存在著。所以，君主的存在不可真時，也就不會令人民困惑了。

次一等的要算是偉大的君主了。這類君主往往行善政，受到人民的尊敬和讚美，使人民深切感覺到君主的可貴。

再次一等的君主，是憑藉權勢暴力，逼令人民聽從號令，行暴政。對於這種君主，人民只會打從心底感到恐懼，根本毫無親切可言。

至於最低級的政治家，專作一些會掀起軒然大波，引致爭亂的事情，人民在怨恨之餘，只會侮蔑君主罷了。

▲實行「不言之教」

「猶」是悠悠之意。政治的不理想，皆因為政者缺乏真實而起。「貴言」意指不說謊。由於貴言，所以應謹慎言論，當然，實行不言之教最為妥當。簡而言之，決定政治的好壞與否，不在言論，而在信實。

法家的「刑名之學」，便強烈主張言行一致是政治上最重要的事。「刑」即「形」也，「名」就是語言。唯有言行一致，才能有信實可言。

然而老子所說的「貴言」，指的並非言行一致的狹隘概念，而在闡論語言的重要，要人們別隨便開口說話，同時別隨便說要作什麼事。能使信實身體表現出來，就是不言之教。

偉大的政治家所以能成功，也因為能「貴言」。使人民將政治家所進行的政治，看成是自然的營運。——這正是此章的主旨所在。要言之，在老子心目中，帝堯時的「無為政治」，就是最好的政治。而第十七章中的文義，或許正是表達老子對現實政治所發出的歎息，以及強烈渴望無為自然之世到來的祈願。

38 惡政令人寸步難行

大道甚夷，而民好徑。（第五十三章）

在第五十三章中，老子曾針對無為的政治，作過如下的論述：

「使我介然有知，行於大道，惟施是畏。」

所謂「介然」，是指乾脆。「行於大道」意味執掌政治。「知」就是「執掌」。「施」意指施策，即法令的施行。指各種行政的手段。這段文字的意思是——

「至此我確然了解道了。但要付諸實踐，卻必須特別謹慎小心，因為稍不留意很可能使所行之道變質，而流於有為之行，所以在實踐時，應當不忘戒慎恐懼，視施行為畏途。」

在第五十三章中，老子還說：

「大道甚夷，而民好徑。朝甚除，田甚蕪，倉甚虛。」

此處的「大道」，與「行於大道」中的大道，是雙關語。大道是「夷」（平坦）之意，所以表示容易行走。但大道上往往設有關卡，阻礙了行人，使無法通行無阻。所以人民寧可捨平坦大道，而另走不設有關卡的崎嶇小徑了。

由這段話，引述人民為了躲避繁苛重稅，不惜鋌而走險。——老子以這則比擬，告訴為政者，無為政治的重要性。

▲「盜夸」——傲慢的為政者

「而民好徑」一語，含有強烈諷刺之意。人民竟捨平坦大道不走，而專揀崎嶇山路小徑，可見政治虐民之甚。老子的細微觀察，讓為政者明白，惡政往往迫使人民無法昂首闊步地生活。

「朝甚除」指的是朝廷的宮殿是否富麗堂皇。老子此語，旨在藉為政者的富貴與人民的生計作一比較。可以說，老子論事每每站在明確的立場，觀察一切。朝廷宮殿富麗無比，人民的田園、穀倉卻荒蕪空洞；為政者錦衣玉食，人民卻凍餒飢寒，不是惡政虐民嗎？

在第五十三章中，老子以：「是謂盜夸，非道也哉。」作結，明白指出為政者的奢侈生活享受，是用不正當的手段盜得的，並對此類為政者發出不屑的痛斥。

老子雖然主張柔弱，但由第五十三章的文義看來，老子本人絕不是個柔弱者。

39 以無事治理天下

天下多忌諱，而民彌貧。（第五十七章）

老子一再強調，為政者的施策愈多，人民的生活便愈苦。老子表示：「天下多忌諱，而民彌貧。民多利器，國家滋昏。」（第五十七章）

「忌諱」指的是不能作的事，與禁令、禁止事項同義。政府如果拘束人民，訂出許多禁止事項，威令人民必須遵從，則人民必會不自由，活動受到妨礙，從而貧困。人民為了逃避這種施策，只有「好徑」了。

▲農民的生活和利器

老子在提到為政者多施策會迫使人民「好徑」後，又進一步指出：「民多利器」。所謂「利器」，指的是能使生活便利的道具。在當時以農業為本的國政治理下，如果將這些足以使生活便利的道具，移作武器用，將會使國家陷於混亂中。為政者為了廣徵博取，剝削人民的財富，任意玩權弄勢，必會引致混亂，所以說會「國家滋昏」。

老子又繼續指出：

「人多技巧，奇物滋起，法令滋章，盜賊多有。」

所謂「技巧」，指的是生活、生產用的技術性手段。老子認為，運用技巧的結果，必會破壞了人類的自然生活。對一心追求理想烏托邦境界的老子而言，技術、利器確是奇妙擾人之物。

所謂「法令」，指的是國家律令。在產生利器，生活成為技術化之後，政府為了因應新的局勢，於是訂出各種新的法令規章，而人民在不甘受束縛、鋌而走險的情況下，自會觸犯法令，這就是「盜賊多有」的原因。

老子此章旨在明喻世人，為政者為了想統率、管理人民，而「有為」地治理政治，結果只會使國家陷於混亂不安中罷了。

▲技術化所帶來的社會危機

對於一心追求自然、無為的老子而言，技術化的社會，無疑是個天大的錯誤。事實上，利器和技術的導入，招致社會陷於混亂中。

戰國時代大變法家商鞅，想必就是無法領會這個道理，一味壓迫人民，才會在社會呈現混亂後，自己也作法自斃。老子和商鞅同是戰國時代的人，老子在眼見為政者恣意作為的情況下，想到忍無可忍。放眼戰國之世的思想家，恐怕只有荀子能洞然理解當時的特殊狀況。

總之，老子堅信為政者的「有為政治」，破壞了自然的生活。所以老子才會在第五十七章結尾處，悠悠地道出他的理想：

「我無為而民自化，我好靜而民自正，我無事而民自富，我無欲而民自樸。」

這段話表達了老子強烈渴望為政者勿干民、擾民的心願。

40 萬物均歸順於聖人之德

天地相合，以降甘露。（第三十二章）

老子以「樸」為貴。所謂「樸」，指的是剛砍下來的木頭，還未經過加工的自然狀態，也就是指最純的事物。「道」和「樸」一樣，是自然的，是不能以名來稱呼的。在第三十二章中，老子指出，「樸」之道是微小的，是無法目見的。但卻具有堅毅特性，任何狀態都不能使「樸」屈服。老子針對這個概念，指出：

「道常無名，我雖小，天下不敢臣。」

如果能體悟「樸」，就不會被天下任何事物所役使。

身為王侯的人，如果能守住「道」去治理天下，不違反萬物的本性，天下萬物自會敬慕、歸服。所以，老子接著又提出：

「天地相合，以降甘露，民莫之令而自均。」

體悟「道」的人，站立在上位，使天地之氣相和，並降下甘露，人民不受上位者的命令而自然茁壯。「均」與「化」同義，意味天下萬物受甘露滋育，能自然地化育、長大。

歷來，「甘露」一詞一直被當名諺，廣泛應用。有些學者以為，在老子那個時代，「甘露」一詞已普遍被使用。有些學者則以為，「甘露」一詞應源於《老子》一書。筆者以為此二說應以後者為是。

甘露本指甘美的雨露，後來被用來稱頌聖天子出現，天下泰平時，祥瑞出現，天降甘露。「甘露」一詞也常被帝王取用作為年號。

在佛教梵語中，甘露被稱為阿密哩多（意即天酒、不死之意），表示是諸神所用的不死仙藥，轉而成為佛法的妙法。

後來更被引用為滋潤眾生的佛教教義——甘露法雨。大體說來，佛教教義所稱的甘露，和老子所說的甘露，內容不盡相同。

將體道者和聖人的政治以「甘露」來形容，承受聖人甘露之德的人民，就像植物得到雨水的滋潤一樣，可以自然化育。

41 一味尋求外在的真實，是愚蠢的行為

不出戶，知天下。不窺牖，見天道。（第四十七章）

《老子》書中，關於這一類的形容語句甚多，時時能予人奇妙愉快的感受。當然，有些語句的解釋，並不完全適用於本書第三章「無為的自然之道——政治和戰爭」。在第四十章中，老子特別提到：

「不出戶，知天下，不窺牖，見天道。其出彌遠，其知彌少。是以聖人，不行而知，不見而名，不為而成。」

將這段文字譯成語體文——

「明道的人，可以根據自身所知所備，去推及一切，不必出門查訪，就能知天下萬事萬物的道理。天道之理雖然微妙莫測，但明道者因為根據自性的全體大用，可以推知天道的變化，不必窺窗探望天道。在探悟道理上，凡是離開自身愈遠的，其所知者便愈少。明道的聖人既不必行不必見而可知天下一切，名天道之變化，由此可見聖人之性已

與天道渾然一體，聖人之性已與天下同然一用。此時若將天下託付給他來治理，自然會『我無為而民自化』，可以不為而成功了。」

這一章的論旨，正是老子獨特的逆說性表現。歷來學者對此章所作的闡釋有二。

▲運用情報管理系統，不必自己活動

說法之一，意味君主深處宮中，但卻能知天下一切事物。深處宮中的好處，在於可以躲避外敵的襲擊，然而長此以往，對於天下大勢勢必愈離愈遠，日益生疏，同時對一些遙遠的事物往往無法理解。

但如果因此而走出深宮，躋身天下，似乎並不能得到什麼益處。唯有運用情報管理系統，利用眾多部下，而自己居於情報網的中心位置，掌握部下所帶回的情報，便可知道天下情勢。這就是「無為政治」的具體表現，自己無所作為，但卻能功成事遂。

上述情況，可說是政治上的術策問題。這種解釋距老子所處的時代不久，便已有進行之跡象。這種古老的管理統率術策，完全適合於今日的情報社會。而這也正是制御他人的最好辦法。

▲天道在自己內心深處

另外一說，是與術策論完全相反的對立性解釋。也就是說，真正的知識不必外求；真正的知識——道——是超越我們的經驗，而存在於我們內心中的。所以，一味向外界尋求，必然會愈行離天道愈遠。由於道在心中，因此，不出戶可知天下，不窺窗可見天道——在此處，道是以抽象的解釋來闡述——捨本逐末，徒然遠離道罷了。

這段話，和前面的說法正好相反。主張必須把握自己的內在真實，以超越理論，超越經驗的直觀力量，加上不斷的內省功夫。

有位學者試著將老子的思想性傾向，解釋為國人的思想方法特徵，並舉唐代佛教高僧慧能的言論，來解釋，說明之。

「勿向心外求。自性迷即眾生，自性覺即佛。」

意味捨本心之道而向外探求，將會成為迷惑的凡俗，如果能豁然醒悟，自然能成佛。

另外，佛教高僧臨濟也說過這麼一段話：

「向外作功夫，總是癡頑——漢。」

同樣說明了向內心尋求天道的重要性。

人類的心，本來是清靜、虛空的，一切的睿智充塞心中，使人自足。這種觀念對儒學有極為深遠的影響，也為我國思想界帶來巨大的成果。

總之，這前後兩種解釋的差距頗大，至於該如何取捨，只有靠讀者自己來決定了。現在，我們不妨再舉韓非子的解說，供讀者作為參考。

「人類的耳目，是靈魂出入的場所，所以，必須充分警戒。由於耳目每易被美聲美色所困惑，導致內在精力源源流出，終至空虛枯竭，好比主人不在，屋舍呈空洞狀態一般，而主人還不知道大禍已然逼近眼前。所以，警戒耳目是極其重要的事情。」

由於韓非子的解釋，遠較前述二種解釋更能接近老子的思想，讀者不妨引為參考。

42 天道永遠不分親疏

天道無親，常與善人。（第七十九章）

老子在第七十九章中曾提到：「天道無親，常與善人。」這句話後來成為頗為知名的語句。我們如果單單解釋這句話，似乎毫不感到困難，但如果要將第七十九章的文句通篇作一解釋，卻是難之又難。現在，我們來看看第七十九章的全文。

「和大怨，必有餘怨，安可以為善？是以聖人執左契，而不責於人。有德司契，無德司徹。天道無親，常與善人。」

▲凡事宜防患於未然

「和大怨，必有餘怨，安可以為善？」意味一旦與他人發生怨隙之後，即使再想辦法和解敦睦，然而雙方積怨已深，終必還會再發作，這怎麼稱得上善呢？根本之計，莫過於在未曾植怨招恨之前，與他人和睦相處。——為政者向人民課索重稅前，又施恩惠於後，然而人民心中已深植怨恨，無法釋懷了。這是老子對繁苛重稅的惡政，所作的嚴厲批判。

所謂「左契」，是指刻木為券，雙方各執一券，也就是今日俗稱的合同。契分左右兩半，左半付與銀主，以作為向借銀人索債的憑據。「執左契，而不責於人。」意味銀主絕不能以強硬態度，通令借銀人還償。「徹」指的是在井田制度下，課徵高額稅金的田賦。「有德可契」，意味修德者好比執有左契，雖不強責於人，而人亦誠服於治下。「無德可徹」，意味硬性規定法令使民服從，不理會民心是否真的平抑或不平，只求表面通順，結果必然會導致「有餘怨」。

老子意欲藉此段文字，表達他理想中的「無為政治」，而這段文字可說極盡描繪象徵之能事了。

▲天道真會袒護善人嗎？

由於本章末句「天道無親，常與善人。」的出現，使得前後文在連貫上顯得過於突兀，所以很難理解。有些學者以為，這段文字是混雜入本章的，其實應該個別獨立，才容易解釋。

一般學者對這段文字所作的詮釋是——道對萬物一律平等對待之，絕沒有親疏厚薄的差別，凡是善者，天道必會袒護之。

這個解釋雖然淺顯易明，但是令人困惑的是，它和「天地不仁」（參照本書第四章五五項）的思想究竟有什麼關連？是否互有矛盾呢？站在老子的思想觀念立場來看，「

天地不仁」是相當自然的語句。本來，天是超越善、惡的相對存在，而絕不會袒護某一特定者。可以說，此處的善，在說明超越相對性的是非善惡之境，對於能體悟這種無為自然的絕對境地者，予以袒護。

筆者淺見以為，這種解釋未免過於勉強、不自然。對於老子的哲理思想，最好別試圖作任何勉強解釋。

由於《史記》中「伯夷列傳」一文，引用過《老子》書中這段「天道無親，常與善人。」的文字，所以，使得這段文字成為家喻戶曉的語言。

在「伯夷列傳」中，司馬遷敘述伯夷、叔齊兄弟為謙遜讓國而隱於首陽山，後來見周武王興兵伐紂，意欲勸阻周武王勿以暴易暴，不果，於是立誓不食周粟，終於餓死於首陽山的故事。

司馬遷在傳文結尾處，引用了老子「天道無親，常與善人」，慨然悲論像伯夷、叔齊這種品行高潔的善人，竟會遭餓死的悲慘命運，而高喊：「是耶？非耶？」作為對老子此語的懷疑，以及對歷史的譏諷。

43 分富合心

有餘者損之，不足者之。（第七十七章）

關於「天道」，老子在第七十七章中，作過如下的描述：

「天之道，其猶張弓與？高者抑之，下者舉之，有餘者損之，不足者補之。天之道，損有餘而補不足：人之道，則不然，損不足以奉有餘。孰能以有餘以奉天下？唯有道者。」

將這段文字譯為語體文——

「天之道在宇宙間，其作用好比在弓上裝弓弦一樣，弦位太高了，就抑之使拉低一點，弦位太低了，就舉之使拉高一些，弦太長就剪短，弦不足就補足長度，這就是天道的妙用。人之道就大大不同了，由於智者善用詭計心機，不擇手段地剝奪愚者，導致富者愈富、貧者愈貧的不平現象。究竟誰能體悟天道，能像天道一樣，把有餘的一部分，用來奉給天下呢？看來恐怕只有真正有道的人才能夠作到。」

老子在本章中所敘論的事項，令人感到，他對於眼前所處的社會，似乎抱著絕望的態度。

可以說，老子是在親眼目睹世間的貧富差距、階級之分，以及繁苛的賦稅害民，心中感慨歎息之餘，而寫下此章的文句。

明末有篇極為流行的小說，內容描繪蘇州城名盜懶龍的故事。懶龍是個俠盜，專門劫富濟貧，而且從不殺人，由於他武功高強，行蹤神出鬼沒，所以官府一直抓不住他。蘇州城內的貧苦百姓，提起懶龍時，個個都肅然起敬。懶龍曾經說過：

「我上無父母，下無妻子兒女，生平也沒有什麼大志，只想向有錢的大老爺們借些銀子，去濟助貧苦無依的人。古人不是說過：『有餘者損之，不足者補之。』這話嗎？我不過是遵奉古人的話去做罷了。」

懶龍所引述的古人之言，正是老子在第七十七章中所說的話。這句話由一位俠盜口中說出，確實會令人發出會心一笑。

44 政治不能操之過急

治大國，若烹小鮮。（第六十章）

老子曾說過不少關於無為的話——

「是以聖人處無為之事，行不言之教，萬物作焉而不辭——」（第二章）

「吾以是知無為之有益。不言之教，無為之益，天下希及之……」（第四十三章）

另外，在第六十章中，老子還舉用極其平凡的事例，藉以說明無為政治的可貴，淺顯易懂的文句中，卻是深含趣味性。

「治大國，若烹小鮮。」

所謂「小鮮」，指的是小魚。老子認為，治理大國必須像烹小魚一樣，在火候上要恰得中道，先後緩急得宜，這樣才能魚全而肉不潰。治大國萬不可朝令夕改，更不可多所干預、作為，才能永保民性的純樸。簡單地說，治國者必須深具耐心，同時還要一本無為自然的態度，才能擁有最好的政治。

老子一直主張，國家不必大，這在第四十九項「小國寡民」中會詳細論及。總之，老子認為，國家的大小只要如村落般大就可以了。

老子在第六十章中所提論的語句，無非是在強調治理大國的困難，同時，並曉喻人類，如果違反自然，將會破壞自然，而至不可收拾。

▲複雜的政策，常會為人類帶來災害

在第六十章，老子提到：「以道臨天下，其鬼不神。非其鬼不神，其神不傷人。」論語中有句話：「子不語怪、力、亂、神。」意味孔子絕口不談超越人類、不可思議的怪奇之神與魔物（怪、神），更不談憑暴力和一切的破壞行為（亂、力）。

論語中的怪、神，正是老子在第六十章中所提到的鬼。

「鬼不神」，意味鬼不再發揮其靈妙不可思議，令人畏懼的力量。由於戰國之世，人們視天災地變為鬼神作祟而起。所以第六十章這段文字，可以解釋為天災地害不再給人類帶來災害，也可說天災地害已侷限到極小的程度。

一切人為的複雜政策，必會使自然失卻均衡，而給人類帶來難以想像的大災害。在誇示豐裕繁榮的現代社會中，人類視經濟高度成長為目標，進行大規模的土木工程，從而導致山崩、洪水橫流，破壞了自然與人類的共存關係。而工廠排出的廢氣和污水，更污染了人類生活的環境，嚴重危害了人類的健康。

另外，因濫砍濫伐而形成的荒土沙漠，更為非洲人民帶來前所未有的飢餓之災。可以說，人類過於衝動的行為，為人類自己帶來了源源不窮的後患，而人類藉以生存的地球安全，更堪虞慮。

「鬼不神」，如果以現代口語來說明，可以解釋為坦率自然的政治施策，可以使人類及人類所生存的環境永保安全。至於如何使這種自然形態能「抱一」，並因應自然真理而調和進行，恐怕只有體道的聖人才能了解。

在第五十八章中，老子提到：「其政悶悶，其民醇醇，其政察察，其民缺缺。」此段文字是將無為政治和有為政治作一比較。意味當一國的政治混濁不清時，正是不事私智、政事寬裕的表現，所以，民德反而淳厚寫實。如果一國的政治條理分明時，便是私智周密，善惡不容於毫髮的表現，此時人民必定處心積慮謀求鑽營，於是民德更淳薄不實了。

老子這段話，無疑地是向政治家發出猛烈的警戒告示，期望政治家能及時憬悟，一本無為自然的態度來治理天下，才不會引致禍端。

在《老子》一書中，有許多辭句是脫離現實、抽象難解的。然而，這正是老子想藉諷刺、逆說，來表達他獨特思想的方法。所以，要想深入探索老子思想真義，就千萬不能被這些玄奧的辭句所迷惑，而要站在人類現實生活的立場上，參研老子哲理的精義所在。

事實上，人們往往過於有為，做作而不自知，忽略了所行所為，實已與「烹小鮮」背道而馳。

在第二十四章中，老子還特別強調：「跂者不立，跨者不行。自見者不明，自是者不彰，自伐者無功，自矜者不長。」也就是告訴我們，違反自然的弊害，指出舉凡矯柔做作，違反常道的行事行為，絕對無法持久。

▲和近代科學近似的荀子自然觀

老子認為凡事順從自然，才是最好的政治。荀子也常談論天道，但荀子以為天道與人道完全沒有關係，只是無目的的自然罷了。荀子的觀點正符合現代的科學概念，可以說，荀子的自然觀和現代科學十分近似。

另外，荀子的若干想法也和近代的合理主義相同，以為人類如果能善加利用自然之道，就可以受到自然的利益，如此一來，一切的天災地害將不再危害人類。可以說，這是荀子對人類技術力所作的最高評價。

荀子認為，一切的禮法制度，都是人類為了想創造更理想的社會，而刻意作為的，這和自然、天完全沒有關係。儒家將人類認識價值、善惡的能力，稱為良心，並視良心為天所授予之性，以為是天性。荀子雖然也屬於儒家學脈，但在論及天道時，卻抱持和儒家完全相反的立場。

荀子的天道觀異於儒家，就連道德論也和儒家不同。將荀子的思想概念與老子作一比較，會發現二者間有頗大的差距。由此可以看出，戰國時代思想的廣泛程度。無論儒家、荀子或其他學派之徒，都是站在與人類弱點、缺點對立的立場，詳細觀察研究。老子的自然主義政治論，以銳利眼光指出人類易犯的錯誤。而荀子的人類主義社會觀，則給了人類無窮希望，並為人類社會帶來進步和繁榮。

在戰國時代，竟能產生這種與近代人類主義基本理論幾至相同的思想，實在值得我們注意、研究。

45 失去一，總體便會崩解

不欲琭琭如玉，珞珞如石。（第三十九章）

在第三十五項論及「抱一」時，曾舉老子所說「天得一以清……」之語，來說「抱一」的狀態。而在第三十九章中，老子還特別告訴我們，失去「一」時的情況，讓我們有目睹動畫般的真實感。

「天得一以清，地得一以寧．神得一以寧，谷得一以盈，萬物得一以生，侯王得一以為天下正。」

「一」就是「道」，它在天地萬物未有之前即已存在，是為生發後來一切現象的元素。老子簡潔地以「一」作為本體論的代表，並用很多比喻來例證，勸勉人類應該恢復本來面目。

關於「侯王得一以為天下正」句，歷來傳本不同，而解釋上也有複雜問題存在，然而這段文字的詮釋，並無改於全段文字的解釋。筆者淺見以為：一國之君主得一時，必能將國家抱一。但如果居主居於高處，大聲發號施令，一味眩於自己的權勢地位，會使國家淪於混亂，無法抱一，從而失去國家。所以，如果想使天下永遠保持正的狀態，必須抱一，必須正確調和天下萬物，使歸於一。

▲深藏若虛的存在觀

在第三十九章中，老子還提到：

「天無以清則恐裂；地無以寧則恐發；神無以靈則恐歇；谷無以盈則恐竭；萬物無以生則恐滅；侯王無以貴高則恐蹶。」

無法清、寧，則天、地將崩裂爆發，導致萬物枯死，水源枯涸，神靈消滅。老子的這段描述，令人有如觀賞卡通影片般，感受到其逼真迫切。當天地自然、人類、國家、社會失去一，不再調和時，其可怕程度，絕不下於科幻卡通片中所描述的地球崩裂，宇宙怪獸蜂湧而來襲擊的情況。

「侯王無以貴高則恐蹶」，意味侯王得一而不致，就不會行出正則，無正則就要被人民顛覆，不能再當侯當王了，豈可不謹慎？

「故貴以賤為本，高以下為基，是以侯王自謂孤、寡、不轂，此非以賤為本耶？非歟？人之所惡，唯孤寡不轂，而侯王以為稱，故致譽無譽。不欲琭琭如玉，珞珞如石。」

一切高貴的成就，必須以低賤為根本；一切崇高的地方，必須以低下為基礎。自古以來，侯王都自己謙稱作「孤」（無德）、「寡」（少德）、「不轂」（不善），這正是雖居高貴，但卻不忘以低賤自處的道理。侯王唯有和光同塵，才能得到真正的高貴。

所有居上位者，都必須抱持這種謙讓心懷才行。如果不能保持謙讓，只想招致美譽——被人民稱讚、頌譽——必然不是真正的美譽。身為君王者，既不願顯露自己如同美玉般的琭琭名貴，也不願如同珍石般的珞珞高潔，只希望自己表現成為一個隨處可見的陋石。——唯有如此，才真能得到人民的景慕。

當時的侯王，在讀到老子這段文章之時，不知作何感想？可惜未曾留下隻字片紙的記載。然而老子這種寓意深遠的特殊譬喻，卻確能博取讀者一笑。

46 為得太平而棄絕智慧、仁德、仁義和技巧

絕聖棄學，民利百倍。（第十九章）

老子在第十九章中所述的語句，與其說是對為政者的提示，不如是向儒學者之流所作的正面挑戰。現舉第十九章的全文如下：

「絕聖棄學，民利百倍。絕仁棄義，民復孝慈。絕巧棄利，盜賊無有。此三者以為文，不足，故令有所屬。見素抱樸，少私寡慾。」

這種激烈的語言，雖屬逆說性的構想，但卻句句中肯。此處所指的「聖」，自是儒家所稱頌的「聖」。老子所常提稱的「聖」，指的是體道高人，也就是無為而治者。然而此處所指的「聖」，卻是仁德完備的神聖指導者，與教化政治的象徵。

儒家主張多學，以為在具備完美仁德之後，將聖人之治帶給世人，是自己的任務。儒家口中的「學」，就是要學習有德者的起居言行，學習世俗的禮法，並且思慕禮頌聖人。也就是把一切人為的禮教制度，將之固定化，並作為立身處世的準則。

在老子看來，儒家的這種舉措，正是造成了人類不自然、不活潑的主要原因。唯有摒棄聖、學，人類才能重回活潑的本來面目，經濟活動才能鼎盛，導致「民利百倍」。可以說，老子是有感於儒家之流過於注重是非善惡的分別，從而遠離了現實社會，與時勢潮流背道而馳的危險和愚蠢性，才提出要「絕聖棄學」的。

「民復孝慈」句中的復字，特別引人注目。放眼當今社會，確是倡行孝慈。然而將仁義稱為口號，大聲呼喊，是否真能令人類回復到原本淳厚的民性？也許，不加干涉，一切順其自然，才是助使人類回復樸質本性的最好方法。老子的這句話，令我們油然感到，戰國之世，人類似乎已經失去淳樸篤厚的人性了。

▲絕巧棄利，反璞歸真

所謂「巧」，指的是為利欲奔走的名利之徒所據有的技巧、技術和智慧，也就是巧智。巧智和利益是分不開的，它每每令人為貪求私利而不擇手段，無視於何者當為、何者不當為的是非觀念。

因為有了不擇手段奪取利益的念頭，於是很容易生出賊心、盜心，而作出傷害情理的事情。

在混亂的戰國時代，這種行為可說屢見不鮮。於是權謀詐術的欺騙行為，也成為當時的風尚。上居君王，下至百姓，個個玩巧弄非，導致世間了無寧日。

巧智、技術過於發達，往往會造成社會腐敗。我國自古即標榜「野無盜賊」的聖人之治，但是老子卻認為，唯有棄絕巧智、私利，行無為的政治，才能達到「野無盜賊」的理想境界。

▲應擁有樸質敦厚，順從自然之心

放眼現今社會，確已呈現一片安和樂利的景象，但不容否認的，這是一個講求「如何才能成功」的時代，詐欺術層出不窮，昔日的「取天下」者，成為今日的「董事長」之流。家長教育子女，無不本於功利主義，務求在功利主義薰陶之下，自己的子女能適應時代潮流，於是巧智横行。鮮有人會對子女施行「偉人」教育了。

可以說，現代社會不再允許人類存有理想了，而只重技術、巧智。如果老子生於現代，一定要大聲疾呼：「絕巧棄利」。

「此三者以為文，不足……」，意味聖智、仁義、巧利三者，其文意實在不足以說明，所以，必須另作一番說明才行。筆者淺見以為，老子所言所教，無非要人類捨棄虛飾、虛榮和嗔慾之心，而以正直樸質之心，抱「一」，拋棄自我，捨棄一切利益。唯有如此，社會才能呈現一片清平景象。

47 天下事可託於無為無欲的政治家之手

寵辱若驚，貴大患若身。（第十三章）

在第十三章中，老子特別對政治家提出逆說性的忠告，老子說：

「寵辱若驚，貴大患若身。何謂寵辱若驚？寵為上，辱為下，得之若驚，失之若驚，是謂寵辱若驚。」

這是第十九章的前半段文字，意味——世人很多不明事理之真相，自己失掉主觀的品格和立場，所以，凡事都以外在的變化而變化，如一旦受到外人的寵幸或羞辱時，便以受驚一樣的不由自由，人讚一聲便喜不自勝，人罵人一句便氣得要死。人生的憂患事雖有很多，然而最大的憂患莫過於此事了。

凡是在慾海中不能自拔的人，或曲曲彎彎不理道義的人，多是因為不能看破肉身所致。由於寵、辱二者都超出了人情之常，所以在得寵時，因為受人祝頌讚譽，固然免不了要驚慌不定，而在失寵時，因為受人譏諷謾罵，所以也要驚恐不安了。

「何謂貴大患若身？吾所以有大患者，為吾有身，及吾無身，吾有何患？」

意味——人生最大的憂患莫若生與死為重，而追求生與畏死，就是為了要保養身體和保全身軀，所以我們會在身上發生大患的原因，皆因過分看重了自己身軀所致。如果凡事能不以自身利益作打算，雖然身亦同於無身，無人無我，自然不會有任何憂患了。

「故貴以身為天下者，若可寄天下。愛以身為天下者，若可托天下。」

意味——如果有人能把自貴其身之心，轉而貴天下，視天下之大我為一己時，那麼這種人才是傑出的大材，可以把治天下的權柄交付給他。如果有人能推廣愛護自己的觀念，擴大去愛天下人，不分彼此，一視同仁，自然可以將天下眾生交託給他。

本章可分兩段看，前段以世人之通病作旁證，以「寵辱若驚」和「大患若身」來顯世人在事與物上的兩個大患。後段才是本章主旨所在，直言唯有能貴以身為天下，和愛以身為天下的人，才可以托大任來化治天下。

要言之，唯有寵辱不驚，智勇兼備，不管世情對他是毀是譽，處境對他是榮是辱，始終能堅持立場，不動不變。只知闡發道理，扭轉人心，不計較自己的所得，甚至連生死大事也置身度外。能如此致志於道，才可把化治天下重任寄托給他，也唯有這樣突出崇實的人，大道才可以通於天下。而「寵辱若驚」一語，無疑是老子對當時世人心理所作的痛切諷刺。

48 戰場就是葬儀場

夫佳兵者不祥之器，物或惡之。（第三十一章）

前面說過，老子是位徹底的反戰論者。現在，我們不但要針對老子的政治論詳細剖訴，同時，也要看看老子反戰論的實際狀態。在第三十一章中，老子為我們留下了著名的語句——

「夫佳兵者不祥之器，物或惡之，故有道者不處。」

兵(武器)實在是個不祥之器，不但人類討厭它，就連物類如禽獸等，也都因厭惡而逃避它，所以凡是有道的人治世，是不肯輕易用兵的。意味兵者不論多麼強勝、銳利，終究是個不祥的凶器，並不是君王用以治世的正器。

本章最後以「戰勝則以喪禮處之」作結，意味戰勝者有義務為死者舉行葬禮。在老子認為，戰場真實就是葬儀場。所以，面對戰爭的武將，不要只憑藉勇武為想獲得勝利而出陣，而應為要去殺人或即將被人殺的戰士哀聲哭泣，這才是至極的真實。

奇妙的是，除了老子以外，從沒有人將戰場當作葬儀場，將兵當作不祥之器。一般人都抱著戰爭必會得勝的心理和信心。老子認為，歌頌讚美戰勝者，無異是推崇、喜好殺人者，而喜好殺人者，如何得志於天下呢?有些學者以為，老子的言論過於玄奇，脫離了現實性。然而仔細思考，當會發現老子這則理論，實在是千古不易的定律，值得好戰者深思深省。

▲藉兵圖國之強大，必會招致凶年之報

在第三十章中，老子將反戰思想，以實際情形描繪出來：「以道佐人主者，不以兵

強天下。」意味以兵圖國之強大者，必會遭到報應：「師（軍隊）之所處，荊棘生焉，大軍之後，必有凶年。」

二十一世紀的人類，正面臨著荊棘凶年即將來臨的可怖慘劇，但卻以執迷不悟，不知憣然憬悟，實屬可悲可歎。

在第四十六章中，老子曾針對戰爭的害處，作過如下的描述：「天下有道，卻走馬以糞，天下無道，戎馬生於郊。」

意味天下承平時，戰馬都轉用到田野之間，一面幫助生產，一面以糞肥田。在天下無道時，戰事四處，所有馬匹都被徵用到戰場上去，成為戰馬，人民只有忍受田園荒蕪之痛，遭受兵連禍結之苦。

「生於郊」，說明軍馬的來源。一句話看似沒什麼特別意味，但卻充分表達了戰場的悲苦無助。這正是老子對戰國亂世所發出的歎息。

在第十九項中，曾提到老子「人之生也柔弱」。在第七十六章中，老子還提到：「故堅強者，死之徒，柔弱者，生之從。是以兵強則不勝。」在《老子》中，對於敘述與戰爭、軍備有關的語句實少之又少，而所提稱的言論，又多被認定是一般性的常識。然而細細玩味咀嚼，不難看出老子所說的話，俱是對有史以來，人類每易犯下的錯誤，作最適切的指謫。也可以說，這是老子極為中肯的戰爭批判。

49 老子心目中的烏托邦社會

小國寡民——國小民少。（第八十章）

老子認為，小國寡民——國小，民少——是最理想的社會。

戰國時代，各諸侯無不立志於擴張領土，攫取土地、農民，並令農民辛勤耕作，以增加國庫收入，壯大國家力量。然而對農民而言，大國永遠陷於嚴苛管理人民，苛徵重稅，以及無休止的戰爭狀態中罷了。

事實上，一些較大的都會，徒然擁有看似豐富的文化而已。此種存在，和人類真正的幸福完全絕緣，而每易產生欲求不滿的生活。為兼併國土而戰爭奪取的戰國之世，在老子來說，只是人類走錯道路之餘，所招致的失敗生活。

在第八十章中，老子指出小國寡民才是理想的烏托邦社會。許多人批評老子這種想法是落伍的觀念，不符合時代潮流。然而事實上，老子的理想主張，正是針對人類的錯誤生活而產生。

將第八十章全文以語體文譯述如下——

「小國中人民很少，縱然有許多器具陳列眼前，然而因為民心誠樸無私，不生佔有心，所以只取合乎實用者用之，不競新奇，不事機巧，自然不會有相爭之患。由於人民知足淡泊，不肯遠徙他方追求名利，所以雖然有舟車，但卻無人使用，甚至不再需要場地陳列甲兵了。

此時，人民好像回復到上古結繩記事的時代一樣（以結繩記事來形容當時民性的樸質），耕而食，鑿而飲，自甘其食，自美其服，自安其居，自樂其俗。村落與村落間彼此相望，俱是一片優裕自得的景象，大家和睦相處，可以聽見彼此村落中的雞犬啼叫之聲。人民自然出生以至老死，一生都在淳樸篤厚中度過，沒有以偽相交的虛浮禮讓往來之事。」

由老子對理想社會的描述，令人油想起晉代陶淵明的桃花源來。這種安詳、樸質、深富人情味的生活，和文明社會似乎距離太遠了。

不少人譏嘲老子和陶淵明的理想社會，不過是與文明社會背道而馳的理想罷了。然而捫心而問，我們所生存的文明環境，是否真能令我們滿足，並獲得幸福?是否真是理想的狀態?筆者以為，我們實應一改譏嘲態度，轉而對老子和陶淵明的烏托邦世界，生出無限羨慕。

老子在第八十章中所描述的烏托邦世界，實深具詩意之美。

夫佳兵者不祥之器，
物或惡之，故有道者不處。

兵（軍隊）實在是不祥之器，不但人類討厭，連物類如禽獸等也都因厭惡而逃避它，所以，凡是一個有道的人治世，是不肯輕易用兵的。（第三十一章）

為學日益，為道日損。損之又損，以至於無為。無為而無不為。

日日勤學，學問必會不斷增進。日日修道，知識會漸次減少。當知識減少到虛無的境地時，就達到無為境地了。能夠無為，就能明性復出，這時任何事都能順利達成。

（第四十八章）

第四章

永遠生存下去的智慧——道的思想

在《老子》書中，有不少至理名諺，自古即被人們廣泛應用。在第四章裡，我們盡可能地收集《老子》書中經常出現的名諺，試圖藉此掌握老子哲理思想的全貌。當然，這些名諺中，頗不乏寓意深遠或令人忍俊不禁的語句，當能令讀者感到興趣盎然。

由於受到篇幅所限，我們無法將《老子》書中的至理名言悉數舉出，難免會有遺珠之憾，所以，希望讀者在讀罷本書時，能再找到《老子》一書，細細觀賞、玩味書中的雋永趣味。

50 惡事終會披露出來

天網恢恢，疏而不漏。（諺語）

《老子》第七十三章中曾提到：「天網恢恢，疏而不漏。」天網看似大而稀疏，很容易漏網，事實上卻是雖疏，但沒有一物可以漏失的。這句話後來每被引用為世上一切惡事，終會有披露出來的一天。然而考論《老子》書中，這句話原本蘊有至為深奧的意味。在這句話的前面，老子還提到：

「勇於敢則殺，勇於不敢則活，此兩者，或利或害。天之所惡，孰知其故。」

這段文字的論旨，與第二十三項中所提到的「天下至柔」，可說有異曲同工之妙。在敘述「不爭之德」時，以「勇於敢」、「勇於不敢」來表現，是件十分有趣的事。意味勇於果敢而不明察的人，不但殺人，也會使自己被殺害。而凡事能詳察事理，不敢任意妄為的人，不但使別人生存下去，同時也讓自己能生存下去。

將「勇於敢」和「勇於不敢」二者作一比較，會發現前者會為自己、為他人帶來禍害，後者則為自己、為他人帶來利益。天究竟憎惡前者或後者呢？不問可知，自是憎惡前者。然而人類卻往往懵然不察這個道理，確屬可悲可歎。

老子在第七十三章還接著提出：

「天之道，不爭而喜勝，不言而善應，不召而自來，坦然而善謀，天網恢恢，疏而不漏。」

天道具有不爭之德，不爭之德正是順應自然的真理。唯有順從自然的真理，才能獲得勝利，否則徒然招致敗亡而已。天道雖然不大聲言宣，但卻很容易得到嚮應，萬物都以天道為依歸，不必召喚而自來歸附。天道不必多加思慮，便能使萬物得到很優美的設計。天道就好比一張大網籠罩住這個世界上的萬物一樣，大網雖看不見、摸不著，但事實上卻沒有一物可以漏失。

所以，萬物的合道與否，均在天道掌握中，天之所惡與所好，便決定出受利和受害的結果了。

老子告喻世人，凡事以良知審判自己所作所為，可據此預知後果是福是禍。只有頑昧不靈的人，才不肯審察自己，等到在恢恢天網網中走投無路時，再後悔也來不及了。這與第二十六項中所提到的「人之不善，何棄之有？」在思想上，是有其共通處的。

51 聖人之德就是天地之德

天長地久——天地所以能長且久者。（第七章）

在第七章中，老子曾提到：

「天長地久，天地所以能長且久者，以其不自生，故能長生。」

天地的壽命極長，並不似一切有生物在短暫時間內就要壞滅，所以在宇宙間再沒有任何東西能比天地的壽命更長久。而天地所以能夠永生長存，實因為天地能無私心，而以萬物之生為生，因萬物既能各遂其生，故天地無形中也就不自生而長生了。

52 追求獵物的權力者之氣狂情態

五色令人目盲。（第十二章）

五色，指的是青、黃、赤、白、黑，此五者乃是色彩之主。老子說這話的意思，是教人不要過分貪戀色塵，以免理智昏迷，失去了分析作用。

在第十二章中，老子還提到：

「五音令人身聾，五味令人口爽，馳騁田獵，令人心發狂。難得之貨，令人行妨。」所謂「五音」，是指宮商角徵羽，是聲境之主。「五味」指的是酸、甜、苦、辣、鹹，包括了其他一切味境。過分注重聲塵享受，會令心智迷失，失去天生雙耳的真正功用。過分享受口福，會日增窮嗜之慾望，失去天生味覺的真正作用。

「馳騁田獵，令人心發狂。」這更是極為痛烈的評論。一味馳騁田獵，不知道適可而止，很容易因興奮過度而身心放蕩，促成精神緊張心慌意亂，有如顛狂者一般令人失心發狂，這樣就不容易致虛守靜了。老子此章，旨在教人多作有利於社會人群的事，不宜沈溺在妄境中縱情恣欲，徒以頹廢浪蕩的罪惡生活，斷送了寶貴的一生。

53 孤高、孤獨之人

是以聖人被褐懷玉。（第七十章）

「褐」指的是粗麻衣，老子以聖人懷有如玉般的美質，卻穿著粗麻布衣裳，來說明體道的聖人，是多麼孤高、孤獨的。正因為聖人每每孤高、孤獨，所以老子才會在第七十章中，萬分感慨地說：「吾言甚易知，甚易行，天下莫能知，莫能行。」

接著，老子又說：「言有宗，事有君。」意味聖人所說的道理，莫不以道體為宗，所事莫不以德用為君，這些本是萬世不易的真理，可惜世人心向外無法收斂，所以蔑視了聖人所說的道。最後，老子還特別指出：

「夫唯無知，是以不我知，知我者希，則我貴矣。是以聖人被褐懷玉。」

由於世人習於妄知妄見，以為自己博學多聞，自視甚高，所以，對看似無物的道理便不屑一顧。然而在老子眼中看來，這正是無知自欺。因此，老子才會感歎地說：「因為世人太無知，所以不會了解我，殊不知了解我的愈少，我所說的道也愈可貴。既然世人各執成見，不肯接納我的道理，我只有身被褐衣，以求外同其塵了。」

54 渴望人生如天，永無終止

功成身退，天之道。（第九章）

第九章的主旨，說明容器中的水一旦盛滿了，水必容易溢出，無法順利移動容器。刀刃太銳利了，必易折損。同樣的道理，家中一旦積貯過多財寶，必然難於守住。人類一旦置身富貴之境，必易窮奢極侈，恃財傲物，導致敗德喪身。所以功成名就的人，如果一味固守其地位，很容易便會有身敗名裂的危機到來，不如及早自行引退，以永保清平。這正是人類適合天道的處身之法。

諸如此類的語言，在《老子》書中隨處可見。首生育萬物，但從不以此邀功，更不將萬物據為己有。可以說，老子將「道」予以擬人化了。而這種表現，也正適用於人類的生存方式。

55 道是無愛無憎的

天地不仁，以萬物為芻狗。（第五章）

在第五章中，老子提到：「天地不仁，以萬物為芻狗。」意味天地實在不仁，它對萬物的生生死死，像芻狗一樣的看待，欲生之時，把萬物佈置得無所不備，不需要時，便隨便把萬物毀滅，毫無愛惜留戀之意。

「芻狗」指的是祭祀時所用的稻草紮成的狗，在祭祀結束後，便棄置一旁，再無人眷顧它了。細究「道」的本體和精義，當可明白，道是無愛、無憎，是超越一切感情的自然形態。體道的聖人，也和道一樣，具備了無愛無憎的感情，所以是仁者。在儒家，每每將仁心視為天心，以為仁是人類自天處所得之德。認為天是仁，對人類有深厚的人情味，而能將天心具體表現出來的聖人，也就是「仁」。

老子所說的「道」，既不會直接救助人類的困難，也不會說些慈愛的話，更不會像基督教所崇奉的神般，具有深厚愛心。

在老子的思想中，宇宙間其實並沒有天堂、地獄的存在，這是道家思想大異於基督教和佛教的地方。老子認定，縱使人類如何祈禱、懇求，「道」也不會伸出援手救助人類。但是由於道具備了仁德，所以人類才能生活下去，並依附道而生長、老、死。

雖然，在老子的思想中並沒有天堂和地獄的存在，但卻有幸福與不幸、全之生與敗之生、安之生與不安之生的存在。而其間的關鍵，便端在於人類是否能感覺到「道」的存在，並將自然之心看成為自我之心。

56 大器晚成，必須多耗時間

大器晚成——大器晚成，大音希聲，大象希形。（第四十一章）

「大器晚成，大音希聲，大象希形。」（第四十一章）

小的器物可以在短時間內迅速完成，但是，大的器物卻必須多耗時間，才能完成。

大的聲音我們往往耳朵不易聽見，大的物體會如天空般不見其形態。

《老子》第四十一章的文字較為冗長，現在我們將全文譯述如後——

「人類對聞道後的態度，可以分為三等。第一等人，由於根利慧大，能看穿身外一切，所以一聞道就信受奉行，從不間斷。第二等人因智慧不足、心志不堅，對外物取捨不足，所以對道是時進時退。第三等人根鈍無慧，只知貪奪名利，與道格格不入，更嘲笑奉道者是瘋狂者說瘋話。而由於這類人的嘲笑譏諷，才更顯出道與世俗有別，若是不笑，就不是真道了。

所以有位古人說：明道的人，在外表上看來，好像晦昧遲鈍的樣子。明道而能進修的人，默默自修，不圖外表，好像退步落伍的樣子。履道而行的人，不論在何時何地，都不露出與世人有別的樣子。上德之人，雖是道大德廣，但卻像山谷的低下容涵一樣。行道之人意誠心正，很像受辱的樣子。廣德之人，始終像有不足的樣子。建德的人，從不沽名釣譽，就像偷偷摸摸的樣子。實質的大德，反而表現出空虛一無所有的樣子。性天廣大的人，無界限，無人我，不立些小圭角。大成大就的人，登高自邇，所以不期早成速達。懷菩薩心欲啟世人共知共覺的人，往往以身作則，所以廣大的德化力量，是無聲可聞的。道是無狀之狀，無象之象，全靠個人的悟性才能見其大，是不能以形相來摸求的。大道非但無形，而且無名，雖其盡善盡美的作用顯於自然之間，然而其本體卻無從知曉。只有這個無為無形無名的道，才是在宇宙間施貸萬物的全能者，並且施貸得盡善盡美，依其人類皆能達到成功的效果，是毫無瑕疵的。」

要言之，道和偉大的德，人類是永遠無法掌握住其真實性的。在人類的眼中看來，道和德恆呈現與其本來面目相反的姿態。

所以，文中所提到的「大器晚成」，意味要想成為大器，必須多耗時間。這種「大音希聲」，正是同樣的道理。

「大器晚成」這句話，現在已成為一般人最常津津樂道的俗諺了。

——真正偉大的人物和才能，必等到年老時才會顯露出來。大的器皿也不會很快便完成的，總要多耗時間才行。所以那些年紀輕輕就嶄露頭角的人，未必真是大人物，未必具有偉大的才能。真正的大器，必是徐徐完成，到最後才顯露出偉大的才能。

現在俗稱的「大器晚成」，在意味上雖然已和《老子》書中的原義有若干差距，但是，我們卻仍可自其中窺見老子其人的特殊風格。

「不笑不足以為道」，看似淡淡的敘述，實際上，這句話寓意深遠，特別值得我們重視、玩味。第四十一章的全文，可以說都是採用逆說性的表現來敘述，而在逆說性的表現中，又穩寓深意。總之，表達真實的語言，在人類社會中，往往被視為非真實的、非實際的，而加以忽視，於漠視中付之一笑罷了。

也許，人類有強烈的逃避真實的傾向。換句話說：「唯有將被人們笑指為不足言的語句，毫無所懼地表達出來，才能使它成為有價值的真實語言。」總之，我們應重視聽來的語言。原文中「下士聞道則大笑，不笑不足以為道。」正是這個意思。

57 潔身自愛

知足不辱，知止不殆。（第四十四章）

「名與身孰親？身與貨孰多？得與亡孰病？是故甚愛必大費，多藏必厚亡。知足不辱，知止不殆，可以長久。」（第四十四章）

這是一則言簡意賅的處世箴言，也是老子針對世人病態所提出的質問語。德名與身軀何者為重？人之身軀與財貨何者為重？知足、知止，何者是人生的病態呢？在這三個問題之後，老子又引出「甚愛」、「多藏」之語，以警戒世人。

人類一旦對萬物萬事有私慾私心，勢必想佔有，而愈想得到，便愈容易消耗心神精力，所以全感到苦不堪言。念及此，能不深思痛省嗎？

所謂「知足」，指的是不論名譽、財富，在適當地獲得後，便應滿足，而別再多所企求。多求得一些與自己身分不對稱的名譽、財富，非但會耗損心神，且會招致羞辱。「知足」一言，正是本章的宗旨所在。

人類如果能「知足」，在得到和自己身分相當的名譽、財富之後，便不會再多作企求，則所得到的名譽和財富，必定能長久保住。換句話說，要想能夠全生保身，唯有「知足」而已。

唯有能夠保住自己的生命，才能過愜意的生活。楊朱因視「全生保身」為人生最高目的，而被世人指為快樂主義、利己主義一派的思想家，他的思想雖屬老子一派，但老子卻絕不是個「全生保身」主義者，這是二者最大的差別所在。

如果說，《老子》一書不是出自老子一人之手，而是在長年累月中，經由好幾人之手完成的——這種假設似乎也很有可能成立——那麼，本章很可能是由老子之後的楊朱一脈思想家所為。因為本章所倡導的「全生保身」思想，較諸老子其他的思想，在氣宇氣勢上，可說是小了太多太多了。

在第九章中所提到的：「金玉滿堂，莫之能守。富貴而驕，自遺其咎。」其中的含義，和本章似有共通之處。

蓋世間之財貨雖是人人所共好，但最好是順其自然由道直取，便須知足知止，不可過分強取妄求。如果違反是理，則雖積有滿堂之多，但除了心為形役、徒增煩惱以外，並不能獲得實益。假若人生一旦得了富貴，便應重義輕利。如果隨富貴而驕，不但人格全因物而沈沒，且會招致怨恨。

58 不輕易讓別人看見正體

魚不可脫於淵，國之利器不可以示人。（第三十六章）

老子在第三十六章中所提到的「魚不可以脫於淵，國之利器不可示人。」實含有強烈的權謀術數傾向，這點和韓非子的思想，恰有共通處，可以說，這是受到戰國末期的風潮影響下的老子末流思想之一。

凡事——如果有人打算吸收你，必定會先令你情緒弛張。如果想讓你衰弱，必定先助你暫時強盛。打算廢棄你的時候，必定先使你興奮。世間一切事物，本來就是柔能剋剛，弱能勝強，這是循物則而定的必然道理。

——老子在說明這種可以獲致勝的要訣後，又作了如下的收束評語：「魚不可以脫於淵，國之利器不可示人。」

魚一旦離開了水底，便會很容易上了釣餌的當。衛國保家的利器，必須秘密保藏起來，將來一旦有事才可以用以抵擋。如果輕易露示於人，敵人會有備來攻。——然而有些君主，雖然足不出戶，卻可盡知天下事。也有些君主，知道隱藏實力。可以說，戰國之世，是個複雜而又奇妙的社會。

像這種屬於老子末流的思想，和老子的思想源流，實有著極大的差距。意味著到達限界後，必定會成為強固的形態。萬物初生時的狀態，都是柔弱的。這原是根據老子回復自然的思想而得，然而到了老子末流的思想，情勢為之一變，柔弱成為取勝的一種手段。同時為了不讓別人看見自己的真面目，於是故作出柔弱之姿。可以說，《老子》一書中，混合有老子的思想源流和末流思想，至於何者屬於源流思想，何者為末流思想，要想分辨、鑑定，似乎相當不容易。

59 真正偉大者的見識

大巧若拙，大辯若訥。（第四十五章）

站在一般常識的立場上看，一切偉大的，優秀的事物，都有其缺點——這點，在第四十五章中，已經作過明確解析。事實上，那些一無缺點，看似聰明的表現，並非意味著真正的卓越、優秀。

「大成若缺，其用不弊。大盈若沖，其用不窮。大直若屈，大巧若拙，大辯若訥。」——有大成就的人，並不顯出有成就的自滿樣子，仍像有所缺乏似的，所以才能永遠不會出現敗弊。大的能力並不自矜其是，反像虛沖無用般，所以才能始終長在，永不窮盡。真能行道者，在待人接物上已能做到循規蹈矩，正直不阿，就算有橫逆和譭謗，也能順而受之，毫不計較，看來好像理屈不直的樣子。聖人不表顯其功，表現得好像笨拙落伍般，甘心居於人後。同時因理而言，不強事口舌之辯，所以表現得好像口訥不便言的樣子。——

一些自恃聰明，仗恃口才以圖雄辯駁倒他人的人，往往無法令人打從心底感動、佩服，反會產生反感。所以「大辯若訥」這句話，對不善言詞者而言，無異有如百萬大軍般的可貴。

「大巧若拙」含義至深，在藝術作品中，往往可見這種現象，意味技巧卓越者的作品，每每不令人有艱深奧澀之感。以人格來說，和這句話相近似的人物，一定會帶來悠閒有趣的人生。這種人如果躋身政界，也必定是個可資信賴的政治家。

《老子》一書中，深奧難懂的語句雖然很多，但像此章中會令人打從心底產生共鳴的語句，卻也不少。同時，這些趣味橫溢的語句，非但不流於說教說經的嚴肅範圍，且會令人感到其中所含蘊的人情味。

60 真實的語言、知識、善

信言不美，美言不信。（第八十一章）

《老子》書中最後一章——第八十一章——題名為「顯質」。「質」指的是內容的質樸、真實之意。而本章的主旨所在，正是要表彰顯揚質樸中的真質。

本章和前項中所提到的「大辯若訥」大略近以，與「道」的哲理性事項沒有什麼關連。但是，這種中敘卑近生活的語句，卻十分重要。

「信」和「真」同義，意味凡是真實的語言，外表必然不會華美，更不具任何引人的魅力。而一些聽來動聽的華麗語言，雖然容易為人們所接受，但卻不具真實性，不是樸訥的語言。

「辯者」指的是擅長口舌之辯的巧者。可以說，擅長巧言利辯的人，其所言必不真實。而一些言語真實的善良者，必定說不出美麗的辭藻來。

凡是真知大道的人，其對世間見聞諸學之所知，並不一定很多。但是，知識廣博的人，因心智外務，所以就未必是真知大道了。——這是本章的前半段大意所在。我們自日常生活中，當可體悟這種現象。

身處現代社會，人們有太多足以表現自我的機會，如何擁有「信言」，如何將自己的「辯」表達真實，確實是太困難的一件事，而在不善言的寡默狀態中，如何令自己於現今的資訊社會中生存下去？也是一大難事。總之，只知巧言利辯，鎮日說些不具任何內容的言論，這絕不是偉大的作風。生活於現代社會中，唯有適時地說出該說的話，並力求言語真實，樸質才好。

由於資訊過剩，為了能在饒舌的現代社會中，過真正的生活，則真實語言的傳達，是十分重要的。

不管時代如何改變，人們都不能輕易忘掉自己心中的樸質、真實，這才是造成偉大人格的基礎。老子的一些哲理，確能因應時代，讓我們知所依循。

61 大事由小而成

圖難於其易，爲大於其細。（第六十三章）

在第六十三章中，老子提到：「為無為，事無事，味無味。」意味聖人努力使一切無事，使一切無味。老子以為，唯有如此，社會才能祥和安樂。緊接著老子又表示：「大小多少，報怨以德。」意味將小事看成大事，鄭重地處理它，則事情會變成大事。對一切美事，應力求防微杜漸，在其未成氣候時扼止之，才能確保平安無事。同時，本著以德報怨的心思去待人處世，則天下將不會有大糾紛。——

下面的語句和此句內容近似，但在氣勢魄力上，卻更大更雄渾。

「圖難於其易，為大於其細。天下難事，必作於易；天下大事，必作於細。」

——天下難事莫過於治國平天下，天下大事莫過於代天宣化。若想成就治平之艱巨難事，唯有自容易做到的地方做起。要想完成希聖希賢的偉大事業，必須先從自身所及的細微處上行起。凡是天下一切難事，都是先由易處逐步做起。凡是天下大事，都是先從小地方著手。——這種人生訓示，和老子思想並無密切關連，而是根據老子日常豐富的生活經驗所得。

「圖難於其易」，反過來說——看似小小的事，如果馬虎應付，小事會變成大事，一發不可收拾。唯有時時謹慎小心，防患於未然。

62　別輕易許諾，以免失信於人

夫輕諾必寡信，多易必多難。（第六十三章）

在剖析過「天下大事，必作於細。」之後，老子接著又舉出：

「夫輕諾必寡信，多易必多難，是以聖人猶難之，故終無難矣。」

這無異是將取與前項完全相反的觀點，看世間萬事萬物。將這段文字以語體文譯述於後——

世上一切大小多少之計較，和利害得失之是非，大多是由於言之不謹和行之不慎而起。淺陋的人每每輕易許諾，結果又無法實踐諾言，導致毫無信用可言。一味把事情看得太容易，等到真的事到臨頭時，又往往周章失措。所以一個有道的聖人，遇事都先在難處著眼，繼之再戰戰兢兢的謹慎以赴，如此任何事情在臨事時，都會變成易事。正由於聖人以易事先作難來看待，所以，結果不會有一件事可以難倒聖人。

輕易許諾的人往往不足信賴——這是值得我們深思深省的。

63 凡事慎於終始

爲之於未有，治之於未亂。（第六十四章）

在第六十四章中，老子又提到了與第六十三章同樣含義的語句——

「其安易持，其未兆易謀，其脆易泮，其微易散。為之於未有，治之於未亂。合抱之木，生於毫末；九層之台，起於累土；千里之行，始於足下。」

以上是本章的第一段，意味——當世道寧靜無事時，因為沒有災難，生活平易，所以容易維持。當事情未見端兆時，善惡未分，吉凶未明，很容易圖謀。脆弱的東西是容易剝離的；微小的東西是容易消散的。凡是成功的事情，多是於事態尚未發展之前已著手了；凡是有治效的社會，多是在未亂之前已落功夫了。合抱的大木，是由細小的樹苗長成的。九層高的高台，是由一筐土、一籮土堆砌起來的。出門千里之外旅行，也是由一步一步開始的。——

這正是第六十三章中所說「為大於其細」的意思。意味一切的事物，開始是最重要的。在事情未發生之前，要察知事情的重要性，以期防微杜漸。老子以為，與其凡事作詳盡深入的剖析，不如以含蓄口吻，說出「治之於未亂」，來得簡潔有力。

第六十四章共分四段，有些學者認為，第二段和第四段的文脈無法連貫，似有錯簡現象，所以，我們暫不討論第二段和第四段的文字，單取第三段的文字作深入探討。

「民之從事，常於幾成而敗之。慎終如始，則無敗事。」

人們每每在事情進行到中途時，執著不放，過於有為，以致在事情幾近完成時，又功虧一簣。唯有始終如一地抱持初衷，謹慎小心，一直到最後都能不有為、不執著，就不會有敗事和不幸發生了。——老子對世人提出忠告，要世人永遠秉持「其未兆易謀」的心思，去面對一切事物。

64 注重禮儀的人，絕不原諒別人無禮的行為

上禮，爲之而莫之應，則攘臂而扔之。（第三十八章）

老子為品評有德者的人格，而寫下第三十八章的深奧內容。

上德者從無為的道體出發，視名相令譽為身外餘事，順應自然而生活，這種人正是真正的有德者。不德者心源不清靜，思想不正確，凡事只知在事相之梢末上求其美好，特別重視「為」，所以意識中埋伏了「私」。上德者無為，所以不會有意識地去做事。下德者常專心有為地去做事，由於德太醒目，所以旁人看來，他是十分了不起的，其實不然。

上仁之人與上德之人相同，不去作醒目的事，看來好像毫無作為一樣。上義者和下德者一樣，刻意有為地去做事，以致行為引人注目。——老子藉此種分類標準來衡量世人，確是十分中肯。

「上禮，為之而莫之應，則攘臂而扔之。」

意味有禮儀的人，必然會以正確的儀禮對待別人，但如果對方不以相當的禮儀來回報，則上禮者會憤怒地挽起衣袖，氣勢洶洶地要求對方以禮回報。

老子這種觀察入微的銳利眼光，確實令人心生佩服。像這種情形，在我們的日常生活中，幾乎隨處可見。上禮者雖然篤好禮儀，然而一旦伸手挽袖，強求別人要以禮相待時，就不是純樸自然的無為作風了，也可說是離「道」日遠的作風。「上禮，為之而莫之應，則攘臂而扔之。」其實正是老子對儒家所作的譏評。

65　三位聖人的不同說教

報怨以德。（第六十三章）

在第四十二項中，我們曾經舉出老子在第七十九章中所提到的「天道無親，常與善人。」以及「和大怨，必有餘怨。」來說明老子視無為之德重於一切的思想。

老子認為，人們在結怨之後，雖能重修舊好，然而心中所存的怨恨卻不會消失，以致無法真的和好如初。所以勸導人們，在怨少時就要加以妥善處理，千萬別等到怨恨屯積得很大時，才著手補救。

▲老子和孔子對「報怨」的觀點差距很大

在第六十三章中，老子提到「報怨以德」。又說「圖難於其易」。前面所提過的「和大怨」，是針對給怨者所立的教訓。至於此處所指的「報怨以德」，則是針對受怨者所立的訓示。

顧名思義，這和基督教教典中所提到的：「以眼還眼，以牙還牙。」（舊約聖經・出埃及記），意義完全相反。老子認為，唯有以德報怨，世上才永不會有紛爭、擾攘。

「報怨以德」一語，在老子所處的戰國時代，已是里巷間風行的俚諺。然而在《論語》一書的「憲問」篇中，孔門弟子對孔子提出：「以德報怨，如之何？」的詢語，孔子的答覆和老子的主張，卻是大相逕庭。

孔子答覆弟子說：「何以報德？以直報怨，以德報德。」

孔子以為，如果採取「以德報怨」的處世原則，則對於己有恩的人，又將拿什麼來報答呢？所以最妥切的辦法，莫過於「以直報怨，以德報德。」也就是說，用正直的態度對待施怨給我們的人，用恩德對待於我們有恩德的人。

老子畢生追求、嚮往的，是無爭、無為的和平世界，而孔子卻認為，人世間的是非曲直，如果不能理斷清楚的話，社會將永遠無法和平、安寧。將老子和孔子做一比較，將不難發現，孔子比較具有俗間凡人的氣味。

▲釋迦勸世人捨棄怨念

怨念存在人們心中，很難將之釋懷或忘卻。釋迦在談到這個問題時，曾表示：「世人如果堅持以怨報怨，則怨恨將永遠無法排除，唯有捨棄心中的怨念，才能平息世間的怨念。這是永恆不變的真理。」

釋迦力勸世人捨棄怨念。老子勸世人要以德報怨。釋迦以為，唯有捨棄怨念，才能除去心中的煩惱，從而體悟「道」。老子卻以為這種捨棄怨念的行為，是極端不自然。同時勸人們以相對性的存在，和世間人類保持和諧的社會性、政治性關係。也就是說，要以恩德對待施怨給我們的人，永遠和別人保持和善的人際關係。

孔子始終堅持主張，以為「以直報怨，以德報德」是最好的處世箴言。也許，這正是孔子所以異於老子、釋迦等人，而比較近於凡俗的緣故。

▲舊約聖經上的「以眼還眼……」

由釋迦、老子、孔子三人的處世原則，可以充分看出三人的思想、性格之不同。「以眼還眼、以牙還牙」，意味受到侵害時，必要相對地施以報復手段。事實上，世上大多數人，都是抱持這種處世原則。

由此看來，人類的思想雖有若干差距，然而對於克服苦惱的心情都是一致的。「以眼還眼……」的典故，出自舊約聖經——當摩西率領以色列人民出埃及，前往西奈時，曾期待神能將神所訂的律法告訴以色列人民，而這句「以眼還眼……」正是當時的律法之一，可說是神的規律。這和東方賢者對怨所作的詮釋和對策，實在大相迥異。

在舊約聖經中記載著，殺人者必須遵照神的規定，以自己的性命作償。但是，語言在傳承於里巷間時，往往會失去本來的意思，轉變為獨立的特定語言。《老子》書中似此情形的例子也不少。由於前面多已提及，此處就不再贅述。總之，「以眼還眼……」可說將人類心中的想法表露無遺。

知者不言，言者不知。
塞其兌，閉其門，挫其銳，解其紛，
和其光，同其塵。是謂玄同。

凡是真能明道的人，非不得已時，絕不輕易談道。凡是開口閉口將道放在嘴邊的人，往往並不是真正的明白道。真知者為要踐之於行，於是填塞住與物欲相接的兌口，關閉心神外馳的門戶。又能平復世況，挫消世間偏激的銳氣，化解世間的紛紜眾理，與一切光明和其光明，與一切塵俗和其塵俗，如此才能使人悅服歸向。

（第五十六章）

後　記

在本書中，我們曾反覆提及過，老子的哲理言論，有時過於激烈，有時過於奇矯，有時又不免失之荒唐無稽。推究老子的本意，不過是要在根本上，推翻世俗根深蒂固觀念，才不得不以特異手法表現之。

同時，老子的一些觀念，我們在日常生活中經常可見，但由於過於平淡無奇，所以每每被忽略了，經老子逐一指出後，我們不免心生慚惶。

《老子》一書，旨在教人以虛空之心，面對世間萬事萬物。藉尋常事物的比擬、表現，來表達深刻細微的哲理思想，每能發人深省。對於社會的矛盾歪風，更能以正確描繪使之呈現在世人眼前。所以，老子的一些過於奇矯的言論，往往帶給我們平和寧靜，令我們於會心之際，莞爾一笑。

筆者在寫作本書時，確實體悟到《老子》書中的一些深奧含義。老子指「道」為母性的，他的一些銳利表達，很可能正是根據母性特徵而作的結語。

在本書完稿之時，筆者曾自行看過，仔細審查之下，發現書中反覆出現的雷同語句委實不少，因而滿心慚惶。然而，筆者必須聲明一點，這種重複出現的現象，《老子》一書本身也要負部分責任。不管《老子》的內容如何，其內容和理論絕非複雜難懂，由老子對事物的觀察上看來，老子的觀點絕不是多歧的。可以說，老子的思想十分質樸自然。在看完《老子》一書後，相信大家會不約而同地感覺到，此書前後所貫徹的宗旨，可以用一句話囊括之——回復自然。

《老子》一書，語句雖多屬樸質自然，而內容、含義無窮深奧。要想自樸質中找出精義所在，還望讀者仔細閱讀《老子》，自能體會個中奧妙。

國家圖書館出版品預行編目資料

『老　子』給現代人的啟示／陳羲主編
──初版──臺北市，大展，民 98
面；21 公分－（鑑往知來；8）
ISBN 978-957-468-666-7（平裝）
1. 老子　2. 研究考訂

121.317　　　　97023434

（鑑往知來 8）

『老　子』給現代人的啟示

主 編 者／陳　羲
發 行 人／蔡 森 明
出 版 者／大展出版社有限公司
社　　址／台北市北投區（石牌）致遠一路 2 段 12 巷 1 號
電　　話／(02) 28236031・28236033・28233123
傳　　真／(02) 28272069
郵政劃撥／01669551
網　　址／www.dah-jaan.com.tw
E-mail／service@dah-jaan.com.tw
登 記 證／局版臺業字第 2171 號
承 印 者／傳興印刷有限公司
裝　　訂／建鑫裝訂有限公司
排 版 者／千兵企業有限公司
初版1刷／2009 年（民 98 年） 2 月

定　價／220 元

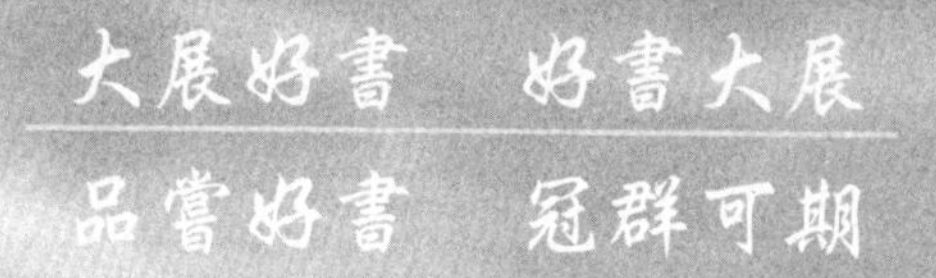
大展好書　好書大展
品嘗好書　冠群可期